禅とキリスト教

人生の処方箋

山田史生
ニック・ベランド

東京堂出版

知らないことがあって、それを知りたいなら、知っているひとに問えばよい。問うことを恥ずかしがっちゃいけない……ということは、だれだって知っています。ぼくも知っています。で、ぼくは友人のニックに相手をしてもらって、禅とキリスト教とについて考えてみることにしました。

真理は語りえません。「語りえぬものについては沈黙せねばならない」けれども、黙っていてもはじまりません。しょせん世迷《よま》い言《ごと》でも、語ってみるしかない。それは真理に近づこうとするための世迷い言です。

ニックは敬虔なクリスチャンで、キリスト教について語る資格は十分です。それにひきかえぼくは、たかだか禅のファンにすぎません（ちなみに実家の宗旨は浄土真宗だったりします。ナマンダブ）。

それかあらぬか、ぼくの禅の理解ときたら、ひどく趣味的です。ニックのキリスト教にはとても太刀打ちできません。しかし人格者のニックは、師弟の礼をもって接してくれます。それに甘えて、ぼくは好き放題に語ってみようとおもいます。

禅語録をひもとくのが趣味の中年教師、キリスト教を信じるアメリカ青年、仲よしふたりの対談、はじまりはじまり。

自己紹介

山田史生（やまだ　ふみお）

一九五九年、福井県の生まれ。大学で漢文を教えている。授業では『論語』や『史記』などをおとなしく読んでいるが、日常では『祖堂集』や『趙州録』といった禅の語録をひもといて好き放題に妄想している。趣味は尺八を吹くこと。弘前藩のサムライが吹いた錦風流尺八を伝承し、青森県技芸保持者に認定されている。

ニック・ベランド (Nick Bellando)

一九八一年、アメリカはニュージャージー州の生まれ。アメリカで尺八を習い、東洋思想に興味をもつ。世界放浪ののち来日。縁あって山田先生に出合い、中国の禅思想および錦風流尺八を師事する。敬虔なクリスチャンで、趣味は『聖書』の「詩篇」をヘブライ語でゆっくり味わうこと。尺八の製管師をめざして修行中。

序章　ニック、教授の研究室をおとずれる

第一章　冴えない人生をのほほんと乗りきる

第二章

かけがえのない他人の他人でありたい

第三章

世界の真ん中で「主人公！」と叫ぶ

第四章

老いたるものは自然体でふるまう

終章 「オーイ」と呼ばれりゃ「ハ～イ」と応える

装画・挿画　風間勇人
装丁・組版　黒岩二三〔Fomalhaut〕

序章

ニック、教授の研究室をおとずれる

コンコン。ノックの音。「どうぞ」というと、外国人の青年がはいってくる。

山田 ああ、ニック。ちょうどコーヒーをいれたところだ。匂いにつられたみたいに、妙にタイミングよくやってきたね。

ニック 日ごろのおこないが善いからでしょう。ところで先生、いまお忙しいですか？

山田 見てのとおり、ヒマだよ。小生の辞書に「忙しい」という文字はない。

ニック でしたね。じつは友人が居酒屋でバイトをしていて、割引券をくれたんです。もしおヒマなら、いっしょに一献《いっこん》傾けたいとおもって。

山田 よろこんでご相伴《しょうばん》させてもらおう。でも、一献傾けるって、さすが日本酒党のニック、むつかしい言葉を知ってるねえ。

ニック 傾けるのは、お銚子を傾けるんですよね？

山田 考えたことないけど、たぶんね。ちなみに英語だとなんていうの？

ニック たとえばLift an elbow. といったりします。

山田 へえ、訊《き》いてみるもんだな。ヒジを持ち上げるのか。

ニック ぼくの父はHave a snort. といってました。誘う場合はWant to have a snort? です。

山田　ふうん。グイと一杯って感じかな。さっそくヒジを持ち上げたいところだけど、まだちょっと日が高い。せっかくいれたから、このコーヒーを飲んでから繰り出そう（とニック専用のカップにコーヒーをそそぐ）。

「なんにも持ってない」を持ってる

ニック　まえから気になってたんですけど、日本語の「手ぶら」ってのは、手になんにも持たないでブラブラさせてるってことですよね？

山田　ひとを訪ねたりするとき、とくに先生の研究室を訪ねるとき、お土産を持ってこないことだね。ま、今日のところは居酒屋の割引券に免じて「手ぶら」は見逃すこととして、そういえばこんな禅問答がある。

「手ぶらでやってきたときはどうでしょう」。
保福《ほふく》「ひとの田んぼを汚さないでくれ」。
「どうすれば免れられるでしょう」。

保福　「どうすれば免れないでおれるだろう」。

「すみません、手ぶらできちゃいました」といった感じで軽めに読んでみたけど、さすがに軽すぎたかな。

ニック　軽くなく読むとどうなるんですか？

山田　「裸一貫できました」「すべてを捨ててきました」といった気合いになるのかな。

ニック　ふうん。そんなふうに深読みできちゃうとは、いやはや禅問答って油断もスキもないですね。

山田　まったくだ。僧は「スッカラカンの無一物《むいちもつ》でやってきました」とうそぶく。手ぶらできたくせに偉そうだね。すると保福は「わしの田んぼを汚さないでくれ」と渋い顔をする。

ニック　手ぶらでくると、どうして田んぼを汚すことになるんですか？

山田　無一物という観念にしばられてるってことさ。保福が「そんなものでわしの田んぼを汚さないでくれ」というのは、無一物というゴミを持ってくるなってことだろうね。

ニック　無一物というゴミっていうのも、すぐにはピンときませんね。

山田　呑みこみやすいように噛《か》みくだけば、こんなふうになるかな。

　なんにも持たずにきちゃいました。

　「なんにも持ってない」を持ってるじゃん。その「なんにも持ってない」も捨てれば。

　僧の問いぶりから察するに、どうやら「無一物」ということが保福の売りだったんじゃないだろうか。

ニック　無一物が売りの保福なんだから、手ぶらできちゃっても大丈夫でしょ、というわけですね。

山田　うん。でもさ、「ひとの田んぼ」というときの「ひと」はもちろん保福だろうから、その田んぼは保福が所有している田んぼってことになる。無一物じゃないじゃん（笑）。

ニック　無一物を刎《は》ねつけられて、僧は「どうすれば免れられるでしょう」と問い返していますね。なんかイヤな予感がするなあ。

山田　お、いい勘してるねえ。「どうすれば無一物という観念を捨てることができるでしょうか」なんて問い返すようじゃ、おのれが無一物という一物《いちもつ》を後生大事にかかえてるってことがわかっちゃいない。自分がどういうゴミを持参しているのかってことを自覚できていない。

ニック そんなお気楽ノンキな僧に対して、保福は「どうすれば免れないでおれるだろう」といってます。

山田 どうしたら免れられるかを考えるより、むしろ免れないとはどういうことか考えてみよ、という感じなんだとおもう。「捨てなきゃとおもってるかぎり無理なんじゃないの」というのが保福の本音だろうね。

ニック ふうん。禅問答っておもしろいですね。

山田 だろ？　ニックも『聖書』ばかり読んでないで、たまには禅問答に浮気したまえ。

そもそも問答になってるのかなあ

ニック でも先生、禅問答って、そもそもquestions and answers（問答）になってるんでしょうか？

山田 さあ、どうだろう。じゃあ、こんな問答はどうかな。

徳山《とくざん》「問えばまちがうし、問わなければそむく」。

僧はすぐに礼拝する。

徳山は打つ。

「お辞儀したばかりだってのに、なんでまた打つんですか」。

徳山「おまえが口を開くのを待ったところで、屁の役にも立たん」。

ニック 徳山は僧をジレンマにおとしいれる。問うのはダメ、問わないのもダメ、さてどうすればよい、と。

僧はやみくもに礼拝することによってジレンマから解き放たれようとしてますね。

山田 僧がジレンマをすり抜けようとしても、徳山はそれをゆるさない。

ニック すり抜ける?

山田 うまくゴマかして免れるってことさ。僧は、二者択一をすり抜けて、第三の道があることを示そうとする。礼拝することが、はたして第三の道でありうるだろうか?

ニック むやみに礼拝するだけじゃ、きっとダメでしょうね。

山田　だよね。問うことによって「まちがう」のか、問わないことによって「そむく」のか、そこが肝腎なところだ。「まちがう」になろうが「そむく」になろうが、問いたければ問うし、問いたくなければ問わない、と僧は開き直るべきなのだろうか？　あるいは「問うか、問わないか」の排中律を問題にして、問うでもなく問わないでもない道があることを提示すべきなのだろうか？　いずれにせよ、なにか一言あって然《しか》るべきだろうね。

ニック　ところが僧はアッサリと礼拝してしまう。

山田　礼拝なんかしてるヒマがあったら、昼寝でもしてるほうがマシだよな。

ニック　徳山はすかさず打つ。すると「いきなり打つのはひどい」と僧は文句をいう。

山田　徳山が打ったのは藪から棒のように見えるけど、藪から棒に礼拝されたら、藪から棒に打つしかないだろう。これを乱暴だというのは甘ったれてる。

ニック　う〜ん。これってdialogue（対話）として成り立ってるのかなあ。

山田　われわれ凡人の問答だと、徳山の問いに対して僧の答えがあり、それを受けて徳山が打つ。その一打ちに対する僧の反応を徳山は待つ。僧が「恐れ入りました」と礼拝し、丸くおさまる。と、まあ、そういった流れがふつうだろうね。けど、打たれたことに釈然としていない僧は「礼拝したのに、なぜ打つんですか」と文句をいい、徳山は「おまえの言葉なんぞ待ってもムダだ」という捨てゼリフをぶつける。これってどういう意味だろう？

ニック　なにをいっても棒で打つまでだっていうのでしょうか？

山田　これで「済んだ」とはいわせないぞ、と徳山はいうんだろうね。礼拝することは「問わない」ことでしかない。ジレンマをすり抜けそこなってる。

日本人ってマジメすぎるんじゃないの

ニック　禅問答って、いざ論理的に分析しようとすると、ひどく敷居《しきい》が高くなっちゃいそうですね。

山田　敷居が高いなんて、英語じゃいわないよね？

ニック　ええ。そもそも敷居がありませんから（笑）。

山田　ぼくみたいな俗人が好き勝手に禅問答を読んで「なるほど」とヒザを打つのは、きっと禅僧にはヒンシュクを買っちゃうんだろうけど、そういう遊び感覚でのつきあい方もあっていいとおもうんだ。だいたい「まじめに」と「楽しく」とが反対語であるってことが、日本人の問題なんじゃないかなあ。

ニック ええ。生意気かもしれませんが、日本人には無意味な完璧主義を感じちゃうことがあります。ちょっとでもダメなら、もう全部ダメ。

山田 完璧な人間なんているわけないんだから、けっきょく全員ダメってことになるよな。

ニック 自分が完璧でないことにイライラするのって、気にしすぎじゃないでしょうか。

山田 だとおもうよ。完璧主義のひとって、他人に文句をいうことが多くなって、やがて自分にも文句をいいはじめる。もっと他人にも自分にも寛容になればいいのにねえ。ところでニックは敬虔なクリスチャンだよね？

ニック ケイケンって、experience（経験）じゃなくてdevout（敬虔）のほうですよね。だったら、まあそうだとおもいます。

山田 ニックを見てると、神の愛を信じているひとのほうが、神の存在を信じていないもの、つまりぼくよりも、こころ豊かな世界を生きているって感じがするんだよ。

ニック じゃあ先生も神さまを信じてください。

山田 そう簡単にはゆかないんだよなあ。ニックに『聖書』のことを教えてもらうのは楽しいけど、それと信仰とは別の話だ。そもそも神の存在を信じていないぼくは、死ねば一切が終わりだとおもってる。来世《らいせ》なんてものも信じていない。だから生きているうちに、せいぜい楽しくやろうとおもってるんだけど、どうも料簡がみみっちいね。

ニック 楽しく生きることは大賛成です。

山田 ところが、若いころは「死ねば一切が終わりだ」とおもってたんだけど、ちかごろでは「死んでもなんにも変わらない」という気分もあって、これはこれで始末にわるいのさ。キルケゴールのいう「死に至る病」としての絶望は、死んだってなんにも変わらない。でも、死んでも変わらないものって、はたして絶望なのだろうか？　むしろ希望ってことはないかねえ。

とりあえず自分らしく生きたいよね

ニック ぼくは神の愛を信じていますが、それはべつに魂の安らぎを保証してくれるからじゃなくて、「自分の人生には意味がある」とおもわせてくれるからなんです。自分なりに誠実に生きることによって状況はひらけるし、それによって自分は成長できるとおもわせてくれるからです。

山田　「自分の人生には意味がある」とおもうっていうのは、「すべては神の思し召《おぼしめ》しであって、だから運命を甘受すべきだ」という消極性ではなくて、むしろ逆境にさらされても「自分にできることをしよう」という生き方をすることなんだね？

ニック　正直にいうと、いつも信仰のことを深刻に考えてるわけじゃないです。けど、苦難や逆境を必要以上に恐れたり、それから逃げようとは、あまりしないほうかもしれません。試練を乗り越えてこそ成長もあるんでしょうから。

山田　そんなふうに考えると、禅のファンのぼくとキリスト者のニックとが、そこそこ仲よく師弟関係をつづけられているのもわかるような気がする。ふたりとも自分らしく生きたいとおもってるってことだよ。こんな問答があるんだけどね。

「それがしが自分であるとは、どういうことでしょうか」。
睡龍《すいりゅう》「おまえさん、自分でないなら、いったいなんだい」。

ぼくの自分と、ニックの自分と、その根底に自分一般なるものがあって、そこからたがいに理解しあう、なんてことはありえない。ぼくの自分は、ぼくの自分であって、ニックの自分じゃない。代替不可能なんだよ。

ニック そういう自分のあり方は、ぼくの場合、神の愛によって支えられているんですけど、先生はなにに支えられてるんですか？

山田 う〜ん、なんだろう。妻に「お酒の飲みすぎよ」と叱られること、娘に「オヤジ臭がひどい」とイヤがられること、あとは……これ以上考えていると心も空も暗くなるから、割引券をにぎりしめて、いざ居酒屋へ　レッツ・ゴー！

第一章

冴えない人生をのほほんと乗りきる

ふたりは居酒屋でさしつさされつ。先生はもう目のふちを赤くしてホロ酔い加減。「2時間飲み放題」と聞いて、先生はいつもよりピッチが速くなっているのである。

ニック その文庫本、すごく分厚いですね。

山田 ああ、ここにくる途中で買ったやつね。大槻文彦《おおつきふみひこ》『言海』（ちくま学芸文庫）。どれ、厚さを測ってみよう。オヤジさん、定規を貸してくんない……5センチ。ふむ。ぼくの持ってる文庫本ではいちばん分厚いかもしんない。

ニック 日本の製本技術には驚きますね。

山田 まったくだ。念のため、いつも持ち歩いてる歳時記とくらべてみよう（とカバンから別の文庫本をとりだす）。山本健吉『基本季語五〇〇選』（講談社学術文庫）。測ってみよう。うん。４センチ。

??? ご歓談中、割りこんで申し訳ありませんが、わたしの持ち歩いてる文庫本のほうが厚いかもしれません（と近くのテーブルで手酌で飲んでいた若者が話しかけてくる）。

山田 どれどれ。おお、こいつは厚い。しかも上下二冊。池田知久『荘子』（講談社学術文庫）。よしよし測ってみましょう。惜しい！　上下ともに4センチ4ミリ。大槻さんの6ミリ勝ち。

ニック 上下をあわせると逆転ですよ。

山田 それは反則。

ニック 反則って……ああ、はじめましてニックです。こちらは山田先生。

佐藤 はじめまして。佐藤といいます。ひとりでヤケ酒を飲んでたんですが、おふたりがあんまり楽しそうだったんで、つい声をかけちゃいました。

山田 よければこっちにお寄りください。いっしょに飲みましょう（とテーブルをくっつける）。

マジメってどういう意味なんだろ

佐藤 それにしても分厚い文庫本ですねえ。

ニック 『言海』というのは国語辞典ですよね。だったら、なにか引いてみましょうよ。

山田 字引は引いてナンボだもんな。で、なにを引く？

ニック 急には浮かばないですね。まじめに考えれば考えるほど浮かばないなあ……仕方ないから「まじめ」という語でも引いてみましょうか。

山田　よしきた。なになに「本気ノ顔色。戯《たわむ》レナラヌコト」とある。まじめを漢字で書くと「真面目」だけど、真の面目って本気の顔色のことだったんだね。

ニック　ふうん。マジメっていうのは、マジな顔つきってことなんだ。

山田　大槻先生に逆らうようだけど、まじめの「まじ」は、本気のマジではなくて、「目をそらさず、しばらく見つめる」という意味の「まじまじ」のまじ、「まばたきする」という意味の「まじろく」のまじ、じゃないだろうか。

ニック　まじめの「め」は、もちろん「目」ですよね。

山田　そう。まじめとは、まばたきしながら真剣に見つめる目のありさまで、そこから誠実さをあらわすようになったんだろうね。

ニック　マジメが「まじ＋目」だとして、お茶目というのは、どんな目なのでしょうか？

佐藤　さすがアメリカ人、いつでもジョークを忘れませんね。マジメなぼくには無理な芸当だなあ。いえね、暗い話になって申し訳ないんですが、じつは会社をリストラされちゃって。で、ヤケ酒を飲んでたんですよ。

ニック　リストラってなんですか？

佐藤　へ？　リストラって英語じゃないんですか？

山田　リストラは英語のrestructuringの略で、「再構築・再編成」って意味だろうね。

佐藤　早い話がクビになったってことです。マジメなだけが取り柄の人間なんて、しょせん使い捨てなんですよ。

山田　そんなことはないでしょう。さ、グッとやって（と酒をつぐ）。こんな禅問答があるんだけどね。

神山《しんざん》が洞山《とうざん》といっしょに行脚《あんぎゃ》していたとき、ある寺で一休み。
洞山はひたすら坐る。
神山はひたすら眠る。
洞山は気になってしょうがないもんで、神山に声をかける。
神山は返事をする。
洞山「あんたは悟ったのかい」。
神山「悟ってなどおらん」。
洞山「悟ってもいないのに、どうして眠るんだ」。
神山「悟ったものは眠るだろうか」。

洞山は言葉がない。
神山「自縄自縛ってやつだな」。

気のおけない友人のふたりが、ざっくばらんに語りあってる。とてもよい情景だ。

ニック そうですか？　なんだかケンカしてるみたいですけど。

山田 一見、ケンカしてるみたいだよね。

佐藤 ぼくはこういうふうに腹を割ってしゃべるのが苦手だから、うらやましい関係に見えるなあ。

山田 ニックの感覚でいうと、洞山と神山とでは、どっちのほうに親近感をおぼえる？

ニック それはもう、断然、神山です。

山田 やっぱり。偏見かもしれないけど、アメリカ人って神山タイプが多そうだよね。

ニック だとおもいます。ぼくの感じをいうと、日本人は99％が洞山タイプで、アメリカ人は洞山タイプと神山タイプとが半分半分かな。佐藤さんはマジメだから、典型的な洞山タイプですね？

佐藤 ええ。ぼくも横で仕事をサボられたら気が気じゃない。

山田 ぼくの感覚をいうと、洞山も神山も、どっちも違和感があるんだよね。他人の思惑《おもわく》をちっとも気にせずグースカ居眠りするってのも苦手だし、自分の気持ちばかりに正直で、他人のことをズケズケ注意するってのも抵抗ある。

なんでそう人目を気にするかなあ

ニック でも、先生はどっちかっていうと洞山タイプのほうが苦手でしょ？

山田 まあね。洞山は「悟らねばならぬ」とおもって無理して坐ってるような気がする。もっと自然に、メシを食うような感じで坐ればいいのに。

ニック メシを食うような感じで坐るって、どういう感じですか？

山田 坐りたくなったら坐るってことさ。だれからも頼まれていないし、金にもならないけど、とりあえず坐る。悟ろうともせず、ただ坐る。

佐藤 ニックさんに訊きたいんだけど、洞山はどういう印象なの？

ニック ニックでいいです。ええっと、一言でいえば「厳しいやつ」って感じかな。Type-A personality（A型の人）Uptight（堅物）といった人柄に感じます。

佐藤　ふうん。でも洞山って、なんとなくアメリカの匂いもするんだよねえ。

ニック　ああ。それもわかります。ぼくの個人的な感じかもしれないけど、アメリカ人は「自分はハッキリいうから、相手にもハッキリいってほしい」とおもってるんですよ。

佐藤　日本人はそうじゃないって感じる？

ニック　ええ。日本人は空気を読みますから。「自分がこんなふうにいうと、相手はこんなふうにおもうだろうから、ここは黙っておこう」と考えるんですよ。

佐藤　ああ、ぼくってつくづく典型的な日本人なんだよなあ。

山田　空気は読むものじゃなくて、吸ったり吐いたりするものなのにね。ふむ。じっくり読みなおしてみよう。神山と洞山が、とある寺にて一服する。マジメな洞山は、ひたすら坐る。疲れちゃった神山は、ひたすら眠る。

ニック　洞山はマジメに坐禅してるのに、神山はサボってる。

山田　くたびれた、と居眠りする神山もいいけど、それが気になってしょうがないもんで声をかけちゃう洞山もいいねえ。

ニック　またまた、先生はヒネクレてるからなあ。どこがいいんですか？

山田　だって、良いコンビだとおもわないかい。

ニック　たしかに良いコンビですけど、神山はサボってるんでしょ？
山田　おいおい、アメリカ人は神山のほうにシンパシーをおぼえるんじゃなかったの？
ニック　ああ、そうでした。でもなあ、ぼくも日本人化してきたのか、神山はちょっと無神経だとおもっちゃうなあ。
山田　佐藤さん、どうして洞山は声をかけたんだとおもいますか？
佐藤　修行の最中なんだから居眠りすべきでない、と洞山はおもったんじゃないでしょうか。なにせ洞山は、ぼくといっしょでマジメですから。
山田　じゃあニックに訊くけど、洞山のほうが神山よりも正しいのかな？
ニック　とりあえず禅僧としては、そういうことになるでしょう。
山田　でも、どう考えても洞山のほうが常識にとらわれているよね。坐るほうが眠るよりも修行にふさわしいと決めてかかってる。
ニック　居眠りしている神山に声をかけるってことは、「坐禅をすることは正しいんだから、神山も坐禅をすべきである」と洞山は考えてるってことですね。
佐藤　ホントは洞山も眠かったんだけど、ガンバって坐禅しちゃってるわけだ。
山田　無理して坐ってるもんで、ノンキに眠っている神山を見て、洞山はなんだか心中穏《おだ》やかでなくなったんだろうね。

佐藤 オレがマジメにやってんのに、なんだよコイツ、といった感じでしょうね。

ニック それって人間らしい自然の感情ですけどね。

山田 うん。でも、もし洞山がほんとうに坐禅がしたくて坐禅をしてるのなら、たとえ神山が隣で居眠りしていても、べつに腹は立たないんじゃないかな。

ニック なるほど。洞山は無理して坐禅してるもんだから、神山の居眠りが気になっちゃったのか。

どうして損だとおもっちゃうのかねぇ

山田 なにかをするとき、「する」か「しない」かを決める基準がある。サラリーマンの場合、会社で働くことを決心する基準があるでしょ?

佐藤 あんまり考えたことないですけど。

山田 「自分の希望」とか「世間の常識」とか、いろんな基準があるとおもうけどなあ。

ニック ぼくの偏見によれば、日本では「自分の希望」よりも「世間の常識」のほうが強いようにおもいますよ。

山田 残念ながら、それが現実だろうね。

佐藤 ええ。耳が痛いです。

山田 洞山の場合はどうだろう。洞山が坐禅にいそしむ基準は、ひょっとすると「禅僧たるもの坐禅すべきだ」という世間の常識だったりして。

ニック because I want to（やりたいから）じゃなくて、because I have to（やるべきだから）だってことですね？

山田 そういうこと。want toか、have toか、どっちが基準になっているかってことだね。

ニック 眠いのにガンバって坐禅をする洞山はhave toで、眠いから眠っちゃう神山はwant toってことか。

佐藤 たしかに社会人たるもの仕事をすべきだといった世間の常識が、ぼくの基準になっていたかもしれないなあ。う〜ん、そうだとしても、会社で働いているとき、隣の机でノンキに眠っている同僚を見たら、「オレがマジメにやってんのに、なんだよコイツ」と感じてしまいそうだけど、どうしてそう感じちゃうのかなあ。

ニック たぶん自分だけ働いて同僚がサボっているのに同じ給料だと損だとおもうからじゃな

いの。

佐藤 どうして損だとおもっちゃうんだろう?

山田 ホントに損してるのかな。佐藤さんが同僚と飲みにゆくとして、いざ支払いという段になって、たまたま持ち合わせがなくて、同僚から千円借りるとする。すぐに返すつもりが、ぐずぐずと時が過ぎ、やがてウヤムヤになってしまう。この場合、佐藤さんが得たものは「千円」、失ったものは「信用」です。

佐藤 ああ、わかります。

山田 仕事の段取りをするとき、佐藤さんはAのプランをやりたくて、同僚はBのプランをやりたい。佐藤さんの主張がとおると、佐藤さんは「勝った」とおもう。同僚は「譲《ゆず》った」とおもう。

ニック 自分の主張をゴリ押しするのは、借金するみたいなものなんですね。で、これを繰り返していると、「あいつには貸しがある」とおもうひとを増やすことになる。

佐藤 交渉のさいに「ここは退《ひ》いておくか」「ちょっと譲ってやろう」という判断をすると、それは貯金をするのに近い効果があるってことですね。これを繰り返していると、「あのひとには借りがある」と感じてくれる同僚が増えてくる。考えもしなかったなあ。

ニック　立場の上のものが、自分の強い立場を利用して主張をとおそうとするなんてのは、たぶん最悪でしょうね。

山田　相手が断れないとわかっていて、「どう？」と交渉をもちかけるなんてのは、ほとんど借金するようなもんだよ。

佐藤　譲らざるを得なかった相手がどんな感情をいだくか、いつまでその口惜しさを覚えているかってことを考えれば、ものすごく損ですね。

山田　ちょっと面倒くさいけど、「この主張がとおったら、自分が得たものはなんで、失ったものはなんなのか」と考えてみることも大事かもしれない。

佐藤　自分の主張がとおったのは「自分が正しいから」ではなく「相手が譲ってくれたから」ってことになりかねないですもんね。

ニック　なにかを得るというのは、なにかを失うということで、なにかを譲るというのは、なにかを得るということなんでしょうか？

山田　そういう仔細《しさい》もあるとおもうよ。世の中「とことん勝ちっぱなし」とか「まるっきりボロ負け」なんてことはありえない。

佐藤　隣の机で同僚がイビキをかいていても、自分にとってどうでもいいことなら、放っておけばいいんですね。

ニック 譲ればいいってことですね。

山田 それは世の中に貯金をするようなもんだったりして。神山がイビキをかいていても気にせず洞山が坐禅するってことは、神山にしてみれば借りをつくっているようなものかもしれない。洞山にしてみれば、貸したわけでもないし、譲ったわけでもないから、なんにも回収するものはないんだけど、なんとなく貯金が増えちゃってるかもしれない。

佐藤 そっかあ。洞山はむやみに注意しないほうが、むしろ得だったのかもしれませんね。

山田 ニックに訊くけど、この洞山と神山との問答を読んで、なにか『聖書』の話が浮かんできたりしない？

ニック そうですねえ……ピッタリがどうかはわからないけど、「ルカによる福音書」第十章のマルタとマリアの話が浮かんでくるかな。ちょっと読んでみましょう（とつねに携帯している新共同訳『聖書』を取り出す）。

一行が歩いて行くうち、イエスはある村にお入りになった。すると、マルタという女が、イエスを家に迎え入れた。彼女にはマリアという姉妹がいた。マリアは主の足もとに座って、その話に聞き入っていた。マルタは、いろいろのもてなしのためにせわしく立ち働いていたが、そばに近寄って言った。「主よ、わたしの姉妹はわたしだけにもてなしをさせていますが、何ともお思いになりませんか。手伝ってくれるようにおっしゃってください。」主はお答えになった。「マルタ、マルタ、あなたは多くのことに思い悩み、心を乱している。しかし、必要なことはただ一つだけである。マリアは良い方を選んだ。それを取り上げてはならない。」

佐藤　さっきの洞山と神山との問答から、なんでまたニックはこの話を連想したの?

ニック　はて、なんでだろ?

山田　洞山は「オレは坐ってるんだから、オマエも坐れ」という。つまり「坐るのは好《よ》いことだ」とおもってる。マルタもいっしょだね。「イエスの世話をするのは好いことだ」とおもってる。

佐藤　マルタは世話をするのは好いことだとおもってて、そこにマリアを引っぱりこもうとしてますね。

ニック　引っぱりこもうとせず、ただ世話をしてればよかったのに。

佐藤　マルタはhave toで、マリアはwant toだってことですね。

ニック　マルタの基準は「主はもてなすべきだ」という自分の外の常識にあって、マリアの基準は「主のそばにいたい」という自分の内の気持ちにあるってことでしょう。

山田　マリアにも手伝わせてくださいよ、とマルタは不平をいってるけど、もし自分の内に基準があれば、自分がもてなしたいからもてなしているわけで、そんなふうに文句をいうこともないだろうね。

ニック　あたしはこんなにガンバってるのに、マリアはただ坐ってるだけ。あたしのほうが正しいんだから、マリアはあたしを手伝うべきだとマルタは考えている。

佐藤　わかるなあ。職場でのぼくを見るみたいだ。自分のあり方だけを考えていればいいのに、他人のあり方が気になっちゃうのは、つまり基準が自分の内にないからなんだろうな。

ニック　クリスチャンとしての感覚でいうと、マルタは世間の基準を自分の基準にしていて、マリアはイエスの基準を自分の基準にしている、というほうがピッタリくるかな。

山田　台所でもてなす支度をしているマルタは、内心ではマリアのあり方がうらやましかったんだろうね。それがマリアへの嫉妬《しっと》めいた文句として口をついてしまった。マルタの役割もマリアの役割も、どっちも大事なんだから、自分の役目に満足していればよかったのにねえ。ふむ。まあ、いろいろ考えたくなるけど、ぼくは「イエスの話に耳を傾けるのが最大のもてなしだ」というふうに理解しておきたい気がする。

自分のこころに正直であればいいのさ

ニック さっきの洞山ですけど、自分は自分、他人は他人、と割り切って、神山が居眠りしていても放っておけばよかったんですか？

山田 どうだろう。むつかしい問題かもね。ふむ。イエスは必要なことは「ただ一つだけ」だといってけど、必要なたった一つのことってなんだろう？

ニック 自分のこころに正直であるってことだとおもいます。

山田 なるほど。で、マリアは「良い方を選んだ」わけだ。だとすると、マルタは悪いほうを選んだってことになるね。

ニック はい。マルタは文句なんていうべきじゃなかったとおもいます。

佐藤　だけど、マルタだって悪いことをしてるわけじゃないから、そんなに強く叱られなくたっていいんじゃないかなあ。

山田　もしイエスをもてなすことがマルタの本心の発露《はつろ》であるなら、また話はちがってくるよね。

ニック　そっか。大切なのは、自分のこころに正直であるってことでしたね。

山田　イエスをもてなすことが自分の内なるスタンダードにしたがっていることだったら、マルタは文句をいったりしなかったんだろうしね。

ニック　マルタはイエスのためにもてなす、for Jesusで、マリアはイエスといっしょにいる、with Jesusってことですね。マルタにとってイエスは遠くにあるけど、マリアにとってイエスはいっしょにいる。

佐藤　洞山は　for myself（自分のために）で、神山は with myself（自分とともに）ってことか。

山田　洞山は別の自分になるためにやっているし、神山は「いま・ここ」にいる自分としてやっている。

悟ったものは眠らないのかい？

ニック じつはこのあとの神山のセリフが、いまひとつピンとこないんです。

山田 だろうね。

ニック 居眠りをジャマされた神山は、ホッペをふくらませて「悟ったものは眠るだろうか」と問うていますが、これが腑《ふ》に落ちません。

山田 うん。原文の「会《え》せる底《てい》の人は還《は》た睡《ねむ》るや」という神山のセリフは「悟ったものは眠るだろうか」としか訳せない。

佐藤 たしかに話の流れとしては「悟ったものは眠らないのだろうか」というほうが理解しやすいですね。

ニック でしょ？ 悟ってもいないくせに眠るなっていうけど、悟ったものは眠らないとでもいうのかい、というのなら筋がとおります。

山田 でも、どうだろう。つまんなくない？

佐藤 ええ。ビミョーにみみっちい話になりますね。

山田　だよね。じゃあ、原文どおり「悟ったものは眠るのかしらん」と読んでみようか。マジメな洞山は、悟ってもいないのに惰眠《だみん》をむさぼるのは怪《け》しからんとおもっている。悟っていないんだったら、オレみたいにちゃんと坐れ、と。

佐藤　眠ってる場合じゃないだろ、ということですね。

山田　眠りをジャマされた神山は、寝ボケまなこをこすりながら「ところで悟ったものって眠るのかねえ」と寝ボケたことをいう。おのれが居眠りしてたことは棚《たな》に上げて他人《ひと》事《ごと》のようにつぶやく。

佐藤　洞山は呆《あき》れてものがいえない。

山田　神山は、悟るべきだとか、坐るべきだとか、いちいち考えていない。だから他人事のように「悟ったひとって眠るのかなあ」とノンキにつぶやく。

ニック　ノンキにもほどがあるんじゃないですか。だって神山もいちおう禅僧でしょ。

山田　あれ？　ニックも洞山みたいに禅僧はちゃんと坐禅すべきだと考えてるの？

ニック　ええ。こう見えても根はマジメですから。

佐藤　うれしいなあ。ニックもぼくのお仲間だったとは。

山田　なんだかぼくだけマジメじゃないみたいだな。ま、いいけど、要するに、悟っているのも、悟っていないのも、ひとつのことだってこと。坐っているのも禅、眠っているのも禅、ひとつのことさ。

ニック ああ、先生お得意の「二にして一」ですね。

悟るのも迷うのも「二《に》にして一《いち》」だよ

佐藤 二にして一？

ニック ええ。not-two。

山田 生きることと死ぬこととはちがう。でも、それをひとつの「生死」として把握する。生きているものはやがて死ぬものであり、死んだものはかつて生きたものであるように、生と死とを「生死」として把握する。

佐藤 「二にして一」ねえ。う〜ん、むつかしいなあ。

ニック 先生からしょっちゅう聴かされてるので、わかったフリをしてますけど、正直にいうと、ぼくもピンときていない感じはあるんですよ。

山田 ぼくだって、じつはピンときてるわけじゃない。そうだなあ、馬とそれを乗りこなす騎手の綱《つな》さばきといったイメージもいいかな。馬と騎手とは人馬一体である。馬と騎手と、区別はあるが同一である。じゃないとスッテンコロリンと落馬しちゃう。

ニック ほら、こんなふうに説明されて、なんとなくわかったような気になっちゃうんだよね。

山田 ちなみにイエスという存在も「二にして一」なんじゃないだろうか。

ニック どういうことですか？

山田 イエスは人間なのか、それとも神なのか、どっちなの？「神の子」だとパウロはいうみたいだけどさ。

ニック いきなりシリアスな問題ですねえ。

山田 あんまり深刻にならずに答えてほしいんだけど、もしイエスがたんなる預言者であるなら、かれの言葉は「福音」にならないんじゃないだろうか。だってthe gospel（福音）ってのは、これを聴いたものは救われるんだろ？　だからといって、イエスが神だとすると、唯一神であるヤハウェのほかに神がいることになって、もはや一神教でなくなっちゃう。

ニック とてもシリアスな問題です。

山田 イエスは、じっさい人間として十字架にかけられた。そうじゃないと人間の罪を背負うことはできない。イエスは人間の苦しみをもって死なないとキリストになれない。かといって、たんに一人の人間が犠牲になっただけじゃない。もしイエスが「神の子としての十全な自覚をもちつつ、しかも人間としての苦しみを十全に引き受けながら死んだ」とするならば、そういう「完全に神の子であり、かつ完全な人間である」というイエスの存在は、まさに「二にして一」じゃないだろうか。

ニック ええ。そういう「二にして一」という矛盾をはらんだ存在でないと、イエスじゃなくなるとおもいます。多くのカルトはそういった頭で把握できないような神がイヤで、「イエスは神であって、じつは人間じゃなかった」とか「人間だったけど、あとで神になった」とか主張したりしますけど。

山田 神が人間として受肉するという「二にして一」のあり方はパラドクシカルのようにおもえるかもしれないけど、もしイエスが人間としてあらわれるんじゃないとすれば、どういう仕方でこの世界にあらわれることができるだろう。人間どうしの愛として、イエスは人間としてあらわれてくれたんだろうね。

「二にして一」を外からわかろうとしない

ニック イエスは「理解」すべきではなく「従う」べきだとおもうんです。そのあり方を理解できなくても、イエスの愛を受けて生きていれば十分です。人生を自分でコントロールしたくて、従うべきイエスを拒否し、自分で理解したイエスをでっちあげる、そういうのが異端《いたん》なんじゃないかとおもうんです。

山田 なるほど。

ニック 話から脱線してますか？

山田 いいや。つづけてくれたまえ。

ニック 真の関係とは、けっきょく「二にして一」なのかもしれません。関係というのは、「我《われ》と汝《なんじ》」のように、主観的にengage（つながる）しかできないものだとおもいます。「我」を捨てて、外から「汝」を理解しようとすると、いろいろ定義できます。でも、じっさいに「汝」といっしょになって、語りあったり、遊んだり、食べたりすれば、「わからない」ことがますます出てきます。けど、そのうちにLove（愛）も出てくるでしょう。イエスはLoveです。外から理解すべきではなく、内側にはいって関係の一部になるべきものなんです……ぼく、大演説しちゃってますか？

山田　いやいや、存分に演説しておくれ。手酌でやりながら拝聴するよ。

ニック　ぼくはイエスのslave（奴隷）です。自分で「イエスのslaveになる」とfree（自由）に決めてる。イエスのslaveになることによって、ほんとうのfreedomが与えられる。どのようなslaveになるかを決めるのは、ぼくの自由です。イエスのslaveになることによって自由になる。freedomとslaveryとは正反対に見えるけど、イエスにおいてはいっしょ。つまり「二にして一」じゃないかとおもいます。

山田　福音書を読んでこころが動かされるのは、イエスが人間の苦しみを引き受けてくれているからだよね。宗教は事実にもとづくわけじゃない。救済は事実の次元にはない。死ぬことは事実であり、それ以外のなにものでもない。もし死を超えて救済を望むなら、事実を超えるしかない。だとすれば、そこには事実ならざるものへの希求があらわれてこざるをえない。

ニック　その事実ならざるものって、ぼくは神のLoveだとおもうんです。

たんなる目的のための手段はつまんない

山田　「他人の悲しみがわかる」というのは理性の世界で、「他人が悲しんでいると自分も悲しい」というのが宗教の世界なんじゃないだろうか。

ニック　他人の悲しみがわかり、そして自分も悲しいというのが、まさにイエスの Love だとおもいます。

山田　自他が対立しているのが理性の世界で、自他の別を超えているのが宗教の世界だとおもうんだけど、理性をはたらかせるのでなく、ただ「秋深き隣は何をする人ぞ」とつぶやけるような人間になりたいもんだねえ……ところで、さっきの禅問答にもどるけど、洞山にとって坐禅することは悟るための手段になっちゃってるんじゃないだろうか。

佐藤　坐禅が目的ではなく手段になってるってことですか？

山田　そう。悟るために坐るっていうのは、なんか不純な感じがする。きっと神山もそれを感じたんだとおもう。その証拠に「洞山さん、あんた自分のマジメさで自分をしばっとるよ」といってる。

佐藤 悟りという目的のための手段としての坐禅は、悟るということに呪縛されちゃっているってことですね。

山田 手段でしかないような窮屈な坐禅なら、しないほうがマシかもしれない。

ニック だからといって居眠りしていれば悟れるっていうほど、世の中は甘くない。

山田 そこがつらいところだよね。

佐藤 たんに生活の手段でしかないような仕事なら、しないほうがマシかもしれないけど、だからといって遊んでいても暮らせるってほど現実は甘くない。

山田 もうひとつ気になるのは、洞山は「悟っていないのなら眠らないで坐れ」って注意してるけど、坐るか眠るかってことと、悟ることとは、そもそも関係あるのかなあ。神山が「洞山さん、あんた自分のマジメさで自分をしばっとるぜ」というのは、ひょっとすると「坐ることも眠ることも一本の縄でつながっておるんじゃよ」といってるのかもしれない。

ニック どういう意味ですか？

山田 悟るのも悟らないのも、坐るのも眠るのも、ひとつのことなのさ。

ニック マジメに坐りさえすれば悟れると考えると、かえって悟りから遠ざかっちゃうのかもしれませんね。

山田 マジメであることにとらわれるな、と神山はいってるのかもしれない。

佐藤 マジメであることにとらわれるなっていわれても、マジメな洞山にはむつかしいんですよ。

山田 人間はパーフェクトではありえない。ダメなところがかならずある。そのダメなところをピックアップして、これを捨てなきゃ、あれも消さなきゃ、とマジメに悩んだりしてたら、ほんとうにダメになってしまう。

佐藤 自分のダメなところをなくそうという発想が、すでにダメってことですか？

山田 ダメなんじゃないかなあ。ダメなところを対象化して、それをなくそうというのは、むしろ深刻な煩悩《ぼんのう》じゃないだろうか。

ニック 洞山は悟りをもとめて坐ってるんだろうけど、それがまちがいなんですね？

山田 じゃないかなあ。洞山は、坐ることによって悟りをもとめるという主客分離《しゅきゃく》したあり方をしている。神山は、ぐっすり眠るという主客未分《しゅきゃくみぶん》のあり方をしている。

ニック 主客未分のあり方って、つまり主観と客観とが分かれていないってことですか？

山田　そう。ニックが『聖書』を読んでいるとき、読んでいるニックと、読まれている『聖書』とが、別個にあるわけじゃない。そこには『聖書』を読んでいるという出来事があるだけだよね。

ニック　ええ。その出来事がそこで起こっている全世界をひっくるめて、ひとつのことだともいいます。

「いま・ここ」にいる自分になりきる

山田　ところで佐藤さん、道元《どうげん》って知ってる？

佐藤　はい。鎌倉時代の禅僧で、曹洞宗《そうとうしゅう》の開祖ですよね。

山田　その道元の『典座教訓《てんぞきょうくん》』に、こんなエピソードがある。宋の国にわたった道元は、ある年老いた典座《てんぞ》と強烈な出会いをする。

佐藤　てんぞ？

ニック　たしか禅寺にあって修行者の食事をつかさどる役目のものでしたね。

山田　真夏の炎天下、ヨボヨボの典座が汗だくになりながら海藻を天日干《てんぴぼ》しにしている。鶴のように痩せさらばえ、背中は弓のように曲がっていて、いかにも苦しそうだ。

道元はそばに寄って老典座に歳をたずねる。

「六十八じゃよ」。

「若い衆をお使いになればよいのに」。

「ひとは、わしじゃない」。

「それはそうでしょうが、なにもこんな酷暑のときになさらずとも」。

「じゃあ、いつやるんじゃ」。

道元はグウの音も出ない。

老典座は「他人は自分ではない」という。他人にやらせたんじゃ、自分がやったことにならない。自分以外にやるものはいない。老典座はさらに「いまやらないなら、いつやるのだ」という。いまやらないで、いつやるときがあるのか。いま以外にやるときはない。

ニック　典座は自分のアイデンティティを「いま・ここ」で汗水たらして働いている自分に置

いているわけですね。

山田 生きるというのは、「いま・ここ」にいる自分であることだ。そのことは他人に代わってもらえない。で、気をつけたいのは、自分なりに「いま・ここ」で「やれる」ことをサボらずにやればよいのであって、「やれない」ことを無理してやることはないってこと。年老いた典座が汗だくになりながら海藻を天日干しにしているのは、それが自分に「やれる」ことであり、それを「やる」のが自分だからだ。「やれる」なら、やってみればいい。「やれる」のにやらないでいるのは、やりたくないんだよ。で、やらない理由を考えているうちに、ホントにやれなくなってしまう。

佐藤 やってみたら、失敗したり、批判されたりするかもしれませんけどね。

山田 失敗したり、批判されたりするってことは、「やった」ということさ。自分であることには「やる」ということがふくまれているんだよ。

自分のアイデンティティをどこに置く？

ニック 典座は自分のアイデンティティを働いている「自己」に置いていますが、わたしの場合は、神に愛されていることに置きたいです。「ヨハネによる福音書」の第十三章にこんな話があります。

イエスは、父がすべてを御自分の手にゆだねられたこと、また、御自分が神のもとから来て、神のもとに帰ろうとしていることを悟り、食事の席から立ち上がって上着を脱ぎ、手ぬぐいを取って腰にまとわれた。それから、たらいに水をくんで弟子たちの足を洗い、腰にまとった手ぬぐいでふき始められた。

最後の晩餐のとき、イエスは弟子の足を洗います。わたしたちは差し出されるイエスの愛の行為をただ受けとればいいのです。

山田　師であるイエスが弟子たちの足を洗うということは、弟子たちもすべての人々の足を洗うべきだってことになるねえ。イエスは身をもって手本を示したわけだ。

ニック　典座のアイデンティティは働いている「自己」でしたが、イエスのアイデンティティは「他者」への愛の行為にあるのです。

山田　わしはおまえを愛しておる、と上から目線でいうのではなく、足を洗うという自分の

佐藤　こころに素直にしたがった行為で示しているんだね。イエスは自発的に弟子の足を洗ってやっているわけで、それが尊いとおもう。ふむ。話はズレるかもしれないけど、われわれは自分の力じゃ、なかなか救われないのかもしれない。人間ってのは、つくづく自発的には悔《く》い改められない生きものなんだよ。

山田　だから神の愛にすがらなきゃならないんですね。

佐藤　「オレは良いことをやってる」とおもってるやつは、金輪際、救われない。そんなふうにガンバればガンバるほど、どんどん救いから遠くなる。

山田　洞山やマルタがそうでしたね。

佐藤　イエスは、弟子の足を洗うという行為を、汚いこと、卑しいこと、だとはおもっていない。道元が出会った典座がそうなように、無理矢理じゃなく、自然にやってる。そうだなあ、ちょっと毛色の変わった問答も読んでみようか。

山田　雲岩《うんがん》が茶をいれていると、道吾《どうご》がたずねる「なにをしておられるのです」。

「茶をいれておる」。

「だれに飲ませるのですか」。

「ひとり飲みたがってるやつがおってな」。
「どうしてそいつに自分でいれさせないのですか」。
「せっかくわしがおるからのう」。

佐藤 道元と老典座とのエピソードにくらべると、なんとなくノンキな雰囲気だけど、いってることは似てるよね。

ニック こういった問答は大好きです。「せっかくわしがおるからのう」という一言を自然にいえるような年寄りになりたいもんです。

山田 現代人はひょっとして「自分について考えるなんて、ダサいし、ウザいぜ」とおもっていて、辛気《しんき》くさいことはスルーしちゃってるんじゃないでしょうか。
それで自分らしく生きられるならいいけどね。ところで、この雲岩の問答、年寄りが縁側でのんびりお茶をいれているような、そういうホンワカした話として読んでおきたいんだけど、じつはそんな陽気じゃないのかもしれない。

心のおもむくままに「ただ」やるのだ！

佐藤 雲岩は「ひとり飲みたがってるやつがおってな」といってますけど、この「ひとり」ってだれのことでしょう。道吾のことでしょうか？

山田 ひょっとして仏のことだったりして。

ニック 「せっかくわしがおるからのう」という雲岩のセリフが考えるヒントになりそうですね。これを老典座の「他人は自分じゃない」というストイックな方向で読むと、ホンワカした気分はどこかに飛んでいってしまいます。

山田 だとすると「どうしてそいつに自分でいれさせないのですか」の「そいつ」ってだれのことだろう？　茶を飲みたがっている「主人公」つまり「本来の自己」かな？

ニック その主人公が、じつは仏だってことなのでしょうか？

山田 さあどうだろう。ひとり飲みたがってるやつがいて、その「ひとり」がだれであれ、自分は存在する。どうしてそいつに自分でいれさせないのですかという、その「そいつ」がだれであれ、自分は存在する。だから雲岩はいうわけだ。わしがおるからのう、と。

佐藤　自分がいるから自分がやる。だれか他人のためにやるわけじゃない。

山田　ひとりでお茶をいれて、ひとりで飲んでも美味しいけど、そいつのためにお茶をいれて、そいつといっしょに飲めば、もっと美味しいよね。

佐藤　しかも外から強制的にやらされたのではなく、内から自発的にやるんですものね。

山田　やらねばならないからやるのではなく、やったほうがいいからやるのでもない。心のおもむくままに「ただ」やるんだ。

ニック　just do it.

山田　で、しつこいようだけど、「ただ」やるのはだれだろう？

佐藤　……。

ニック　おや、佐藤さん、どうしたんですか？　目をキラキラさせちゃって。

佐藤　ぼくは「ただ」やるっていう気分を忘れていたのかもしれません。ああ、なんだか無性に働きたくなってきました。明日から職探しです。ありがとうございました。今日はこれで失敬します（といってスキップしながら帰ってゆく）。

ニック　おやおや、なんだかひとりで勝手に元気になっちゃいましたね。

山田　「ただ」やる。just do it というニックの言葉が効《き》いたのかもしれないよ。

ニック　だったらうれしいなあ。

山田　……。

ニック　あれ、どうなさったんですか？　今度は先生がなんか考えこんじゃってますね。

山田　いやね、さっきの雲岩と道吾との問答だけどさ、元気に去ってゆく佐藤さんの後ろ姿を見ていたら、なんだか気になってきてね。

ニック　なにが気になってきたんですか？

山田　「茶をいれておる」のは雲岩だとして、「ひとり飲みたがってるやつがおってな」というのも雲岩なんじゃないかとおもってさ。茶をいれている自分と茶を飲みたがっている自分とがいるわけさ。

ニック　はあ？　自分が分裂しちゃってるんですか？

山田　分裂っていうか、そうだなあ、自分ってのは、自分に対する関係だってことだよ。

ニック　茶をいれているのも自分、茶を飲みたがっているのも自分、その関係を先生は気になさってるんですね。

山田　茶を飲みたいという欲望をもつ自分、茶をいれている欲望を満たしてやる自分、この関係がなんとなく気になるわけさ。

ニック　そういう自分の自分に対する関係を気にしはじめると、どんどん不安になっちゃいそうだなあ。

山田　不安になるのは、とりもなおさず生きてるって証《あかし》だろう。生きているからには不安であって当たり前なんだとおもう。

ニック　不安をなくそうとジタバタしてもムダだってことですか？

山田　うん。この現実を受けいれて、これを背負って生きてゆくしかないんじゃないかなあ。

ニック　なんだか絶望的ですねえ。

山田　絶望っていうか、死ぬまでグズグズするしかないってことさ。だいたい「人生に絶望した」なんて、だれにもいえっこないんだし。

ニック　どうしていえないんですか？

山田　望みがひとつもないってことを、どうやって認識できるの？　そんなことができたりしたら純粋理性も真っ青だぜ。人生にホントに絶望したと根拠をもっていえる人間なんて、幸か不幸か、ひとりもいないのさ。

こころの奥底にむかって自分を超える

ニック　ぼくの考えでは、自分のアイデンティティを神に愛されていることに置ければ、絶望にさいなまれることもないとおもいます。

山田　ニックはきっとそうなんだろうなあ。ふむ。アウグスティヌスは「あなたは私の記憶のうちにとどまりたまい、あなたを想起しあなたにおいてよろこぶとき、あなたをそこに見いだします」（山田晶訳『告白』中央公論社・三六三頁）といってるね。アウグスティヌスによれば、神は記憶のなかに見いだされるんだけど、その記憶とは過去の出来事のストックではなく、自分のこころの奥底のことらしい。

ニック　ぼくが神をもとめるのは、神のことを知らないからではなくて、むしろ記憶の奥底において神を見いだしたいからなんでしょうか？

山田　アウグスティヌスはそういってるね。記憶といえばソクラテスの想起説をおもいだすけど、ソクラテスがこれを神話的に前世の記憶としたのに対して、アウグスティヌスはこれを神においてあることとする。当て推量でいっちゃうと、アウグスティヌスは、ソクラテスのギリシア哲学の概念をもちいてキリスト教を語ろうとしているような気がするんだよね。

ニック　アウグスティヌスにならって、ぼくも自分のこころの奥底にイエスを見いだしたいとおもいます。

山田　ただし神はどこに見いだされるかっていうと、「ほかならない、「私をこえて、あなたにおいて」ではなかったでしょうか。けっして場所はありません」（同前・三六四頁）といってるように、場所はないんだよ。自分を超えて、神のうちにあることにおいて、神は見いだされる。ニックのこころは、その奥底において神へと開かれているんだよ。

ニック　そうありたいと願っています。

山田　趙州《じょうしゅう》に庭先のカシワの木という禅問答がある。

ニック　ああ、それは知ってます。とっても有名ですから。

山田　『無門関』のヴァージョンで引いてみよう。

「どういうものがダルマがはるばるインドからやってきて伝えようとしたものでしょうか」。

趙州　「庭先のカシワの木さ」。

「ダルマはわざわざインドからやってきて、なにを伝えようとしたのか」というのは、「禅の真髄とはなにか」を問うための常套《おきまり》のセリフだ。はるばるインドからやってきたのが、たんなる布教活動のためであれば、いささか動機不純だ。とはいえ、べつに物見遊山《ものみゆさん》にきたのでもあるまい。ことさら目的があるわけではなく、さりとて無目的なわけでもない。

ニック　で、庭先のカシワの木ですか。

山田　庭先のカシワの木は、それなりに庭木としての役目は果たしている。かといって、なにか目的をもって立っているわけじゃない。カシワの木は、花を開こうとか、実《み》を結ぼうとか、なにひとつ意識せずに花を開き、実を結んでいる。カシワの木は、まったく無心にそこにあり、木陰をつくってひとを憩《いこ》わせている。そうしようという意志はないが、そうしているはたらきはある。

ニック　ダルマもまた禅を伝えてやるのだと意識することなく、ひたすら禅を伝えるだけだってことですね。

山田　庭先のカシワの木が「今」なんだよ。もし禅の神髄なんてものがあるとしたら、それは過去や未来にあるのではなく、今にある。その今が、ダルマがインドからやってきて伝えようとしたことなんだ。

ニック　今、ですか。

山田　主客未分の純粋経験をあるがままに味わうには、みずからを空《くう》じて「カシワの木」になりきってみるよりない。そして、それは只今《ただいま》現在のことだ。「庭先のカシワの木」が趙州の今であって、それが禅だ。「これ」を伝えるためにダルマはインドからやってきたんだけど、その「これ」を言葉で伝えることはできない。

ニック　禅は「庭先のカシワの木」のなかにあって、それは過去や未来にあるのではないんですね。

山田　現に目のまえに立っているカシワの木のなかに、すなわち永遠の今において、それはある。ただ、それを言葉で説明することはできない。なんの疑いもいだかず、言葉をすんなり受けいれてしまうものは、ダルマが伝えようとしたことを受けそこなってる。言葉がわからず、その意味を詮索《せんさく》するものは、もっと迷いっぱなしだろう。だが、庭先のカシワの木があるじゃないか。それを見よ！

ニック　この趙州の問答と、自分のこころの奥底にイエスを見いだすということと、どういう脈絡《みゃくらく》があるのでしょうか？

山田　「目のまえのカシワの木が見えるかい。これを見るということは、これを超えることなんだぜ」といった感じかなあ。ダルマが伝えようとしたことについて議論するのは、とても難しい。たしかに難しいんだけど、一流アスリートを超えることが難しいといった意味で難しいのではない。天才でなくても、努力家でなくても、だれでも超えられる。

ニック　するとそれは易《やさ》しいのでしょうか？

山田　たしかに易しい。だが赤子《あかご》の腕をひねるといった意味で易しいのではない。だれにでもできることであって、とっても易しいことだ。それをするために学問は無用だし、それをするために財産も無用だ。それをするために特別な才能が要求されるわけでもない。しかし、じつはだれもができることではない。

ニック　難しいけど易しく、易しいけど難しい。

山田　目のまえのカシワの木を見ることは、だれにでもできることだよね。だれにでもできることだけど、これを「あるがまま」に見ることは、じつは難しい。できない理由はだれにもないはずなのに、じつは難しい。あるがままに対応することは、目のまえのカシワの木を超えて、その底に自己を見ることだから。

ニック　目のまえのカシワの木を超えて、その底に自己を見いだし、さらにその奥底にイエスを見いだしたいとおもいます。それが生きるということでしょうから。

第二章

かけがえのない他人の他人でありたい

ふたりは弘前公園を散歩している。津軽にもようやく遅い春がやってきたが、あちこちに雪が残っている。サクラの蕾《つぼみ》はまだまだ固い。

山田　春めいてきたねえ。

ニック　It's really starting to look like spring.

山田　ふむふむ。

ニック　Spring is in the air!　目には見えないけど、春の気配が空気のなかにありますね。

山田　ニックには春の気配が見える？

ニック　う～ん。見えるかといわれれば見えないし、見えないかといわれれば見えるかな。

いったい「見える」ってどういうこと

山田　春じゃなくて秋だけど、古今和歌集に「秋来ぬと目にはさやかに見えねども風の音にぞおどろかれぬる」という有名な歌がある。

ニック　目には見えないけど、風の音でそのサインに気づかされたっていうんですか？

山田　そう。そもそも「これが見えるか」という問い方は、けっこう危なっかしいのかもしれないねえ。見えていないものについては、そもそも「これが」とは問えないはずだし。

招慶《しょうけい》が僧に問う「名前はなんだ」。

「慧炬《えこ》です」。

招慶は杖をもちあげて「これを映せるか」。

「ものがあれば映せます」。

招慶「これが見えるか」。

「さっき和尚になんていいましたっけ」。

招慶「これをどうしてくれるんじゃ」。

「和尚、要《い》らん分別ですな」。


招慶が杖をもちあげて「これを映せるか」というと、僧はその杖をまったく無視して、「ものがあれば映せます」という。

ニック　まるで招慶のもちあげた「これ」が目にはいらないかのようですね。

山田　うん。この時点で招慶はすでに一本取られているのに、さらに「これが見えるか」と重ねていう。

ニック　なんだか駄々っ子みたい。

山田　僧は「さっき和尚になんていいましたっけ」と涼しい顔。それでも招慶はめげずに「これをどうしてくれるのさ」としつこく迫る。

ニック　いよいよ駄々っ子ですね。

山田　ここまでくると、招慶はわざと自虐的に負けを重ねているような感じすらしてくる。そして僧に「見苦しいですな」とトドメを刺され、招慶はギャフン。

ニック　ボロ負けじゃないですか。

山田　でもさ、僧が勝ったはずなのに、なぜか招慶の見事な負けっぷりのほうに軍配をあげたくなってこない？

ニック　そういわれれば、そんな気がしないでもないです。

山田　「これを映せるか」と招慶はいうんだけど、すでに映していなければ、「これ」がなんであるかわからないし、「これ」がなんであるかわかっているなら、すでに映している。

すでに映しているのに、映すことが「できるか」とたずねるのは、問いそのものがナンセンスだ。ナンセンスな問いに「ものがあれば映せます」と一般論で答えたのは、僧のおもいやりだろう。

ニック　さらに「これが見えるか」と招慶は問いなおしていますね。

山田　見ることが「できるか」という問いを、現に「見ているか」と問いなおしてみたんだけど、しょせん同じことさ。すでに見ていなければ、「これ」がなんであるかはわからない。なんであるかわからないものについては、見ているとも見ていないとも答えようがない。もし答えうるとすれば、それは見ているからだ。「さっきいったでしょ」と僧はいう。すでに答えていますよ、と。

ニック　この僧、なかなか腕利《うでき》きですね。

山田　まったくだ。ここで招慶は「これをどうしてくれる」とへコタレてみせる。「これの居場所がなくなってしまった。どうしよう」と狼狽《ろうばい》してみせたんじゃないかなあ。

ニック　あらら、ずいぶん情けないですね。

山田　もし狼狽していないとすれば、「ホントにこれを見てるのか」と再度の巻き返しをはかっているのかもしれない。この杖の真実を見ているのか、と。

ニック　どっちでしょう？

山田　さあ、どっちだろう。いずれにせよ、当然ですよ、と軽く流されてしまった。そういうことなら、オシマイにするしかない、と。

ニック　やっぱり「これが見えるか」という問い方はヤバいってことですか。

山田　でもさ、この問答、読みようによっては猛烈に理屈っぽいよね。

ニック　読みようって、どう読むんですか？

山田　招慶は杖をもちあげて「これを映せるか」と問い、つぎに「これが見えるか」と問い、つぎに「これをどうしてくれるんじゃ」といってる。

ニック　それがなにか問題ですか？

山田　いやね、「映す」「見る」「なんとかする」という順で問うているのがおもしろいとおもってさ。

ニック　おもしろいですか？

山田　招慶がもちあげた杖という対象を、まずは目に「映す」。そして、それを杖だと「見る」。杖だと見たからには、それを振りまわすだの、突きながら歩くだの、「なんとかする」ことになる。

ニック　ふむふむ。えらく認識論的ですね。

山田　そう。招慶さん、認識論的に分析しすぎじゃないだろうか。「映す」「見る」「なんとかする」の三つは、ひとつのことなのにね。

ニック　おや、お得意の「二にして一」じゃなくて、今度は「三にして一」ですか。

山田　「映す」にはすでに「見る」「なんとかする」がふくまれている。三つのことを順にやっているわけじゃない。だから慧炬に「要らん分別ですな」とやられてしまった。

ニック　なるほど、そういうことか。

山田　唐突におもいだしたけど、キリスト教ってのは、けっきょくは神の愛にすがる宗教じゃないかっていったことがあったね。

ニック　ええ。

山田　神の愛ってのは、「苦しいときの神頼み」じゃなくて、自力ではどうしようもない苦しみのなかにある人間に、神に訴えかける声をすら失っている人間に、神のほうからそいつを見つけて、はたらきかけてくれる、そういうのが愛だとおもうんだけど、「映す」「見る」「なんとかする」という「三にして一」なる行為も、われわれは自分の力でやれているわけじゃなくて、おのれの分別を捨てて、神の愛に身をまかせることによって、やれているのかもしれない。

ニック　慧炬が「要らん分別ですな」というように、「オレはちゃんとやってる」とおもえばおもうほど、どんどん真実から遠くなるってことですね。

悪いやつほど救われるんですか？

山田　ニックは「悪人正機説《あくにんしょうきせつ》」って聞いたことある？

ニック　いえ、初耳です。

山田　じゃあ、親鸞《しんらん》っていう名前は？

ニック　ああ、それは知ってます。浄土真宗のお坊さんですよね。

山田　その親鸞は「善人なほもて往生をとぐ、いはんや悪人をや」（『歎異抄《たんにしょう》』）といったんだ。

ニック　はあ？　善人よりも悪人のほうが救われるっていうんですか？

山田　親鸞はさらに「自力作善《じりきさぜん》のひとは、ひとへに他力《たりき》をたのむこころのかけたるあひだ、弥《み》陀《だ》の本願にあらず」ともいう。おのれの善性はみずからゲットしたものだとおもっている善人は、おのれだけで自足《じそく》している。自分ひとりでやれるもんだから、いちいち他人なんか必要としない。これが善人のおちいりがちな落とし穴だ。そこへゆくと悪人は、自分でやれないから「ひとへに他力をたのむ」しかない。

ニック だから悪人のほうが往生しやすいってことですね。

山田 そういうこと。悪人は、おのれの悪に気づいて、なんとかしたいとおもっても、自分ではどうすることもできない。弥陀の本願に身をゆだねきることができるのは、そういう「そうするしかないからそうする」というお手上げになっちゃった手合いだろう。

ニック わかるような気がします。

山田 善人は念仏をとなえ「ねばならない」とおもって念仏をとなえる。それはしょせん自力だ。おのれの悪を思い知り、絶望し、手も足も出なくなったもの、つまり悪人だという覚悟のついたものは、念仏をとなえる「しかない」から念仏をとなえる。そういう念仏のほうが、じつは弥陀の本願においては優先される。となえ「ねばならない」からとなえるという自力の念仏よりも、となえる「しかない」からとなえるという他力の念仏のほうが優先される。

ニック 善人はhave toで悪人はwant toだってことですか?

山田 そうなるね。キリスト教では、もとより罪人である人間が自分の罪を自覚することはありえない。罪の自覚は、ひとえに神の愛によるものなんじゃないだろうか。

ニック 似たような考えが親鸞にもあったのでしょうか？

山田 あったんじゃないかなあ。人間はおのおの自己だ。自己であることは悪だ。「あれやこれや」の悪ではない。自己であることが、とりもなおさず悪なんだよ。そういう人間存在そのものの根源悪の思想が、親鸞にもあったんだとおもう。

ニック 「自己である」ことが「悪である」ことだなんて知ったりすると、愕然《がくぜん》としますね。

山田 愕然としてからどうするか。弥陀の本願にすがって念仏をとなえるしかない。他力主義だ。だからといって念仏をとなえて弥陀のまえに身を投げ出す「べきだ」と考えると、そのように「考えて」念仏に精進している当人はだれかってことになる。それは他力における自力主義だ。他力を自力でもとめている。

ニック だから「善人なほもて往生をとぐ、いはんや悪人をや」なんですね。

山田 自分の悪に愕然とし、なすすべもなく、弥陀の本願を信じるしかなくなって念仏をとなえる。念仏をとなえる「べきである」からとなえるのではなく、念仏をとなえる「しかない」からとなえる。

ニック 自力救済にこだわっている善人ですら救われるんだから、まして自力救済なんてことを夢にもおもえない悪人はきっと救われるはずである、と親鸞はいうわけですね。

こころの貧しさを自覚しようよ

山田　「求めなさい。そうすれば、与えられる。探しなさい。そうすれば、見つかる。門をたたきなさい。そうすれば、開かれる」という有名な言葉があるよね。

ニック　「マタイによる福音書」の第七章です。

山田　求め、探し、門をたたくことが、人間には課せられている。そのことは満ち足りたものには困難だろう。イエスは「心の貧しい人々は、幸いである、天の国はその人たちのものである」ともいってたよね。

ニック　「マタイによる福音書」の第五章です。

山田　うろ覚えでわるいんだけど、神の国にはいるのは針の穴をとおすようにむつかしいってこともイエスはいってなかった?

ニック　「ルカによる福音書」の第十八章に「財産のある者が神の国に入るよりも、らくだが針の穴を通る方がまだ易しい」とあります。

山田 金持ちになったことがないから、いまいちピンとこないんだけど、たぶん金持ちは救いをもとめるのがむつかしいんだろうなあ。なにせ生活に余裕があるもんだから、救いをもとめる必要を感じない。自分を罪人とはおもわない。おもっても、神に赦《ゆる》しをもとめることができない。かりに赦しをもとめて「汝の罪は赦された」といわれても、なかなか信じられない。

ニック そんな傲慢さがあるようでは、たしかに神の国は遠いでしょうね。

山田 自己が「心の貧しい」ものであることを自覚するのは、つまり貧しからざるものと自己とが関係するからだろう。貧しいという自覚は、貧しからざるものに照らし出されて、はじめて生じる事実だから。

ニック その貧しからざるものって、たとえば神でしょうか？

山田 そういうことになるのかな。求めれば与えられ、求めなければ与えられない。それは当たり前だ。当たり前だけど、それは容易でない。まさに「狭き門より入れ」ってこと。

ニック 「狭い門から入りなさい。滅びに通じる門は広く、その道も広々として、そこから入る者が多い。しかし、命に通じる門はなんと狭く、その道も細いことか。それを見いだす者は少ない」。「マタイによる福音書」の第七章ですね。

つねに「途上《とじょう》」にありつづけるのだ

山田 もとめるべき道を「見いだす者は少ない」けど、それはべつに隠されてはいない。

ニック 隠されていないどころか、イエスは「わたしは道であり、真理であり、命である。わたしを通らなければ、だれも父のもとに行くことはできない」（「ヨハネによる福音書」第十四章）といってます。

山田 イエスはみずからが道であることにおいて人間を神へとみちびく。イエスという道を歩むことは、父なる神へとおもむくことなんだろうね。ぼくの言葉でいえば、それは「途上にありつづける」ってことだ。ひたすら途上にあって道をもとめつづけるもの、それがキリスト者なんだとおもう。

ニック 途上にありつづける？

山田 「真理を知る」ことと「真理を生きる」こととはちがう。イエスという道をふまえつつ、真理を生きるというプロセスを歩まねばならないんだよ。

ニック　イエスの教えを頭だけで理解しようとすることは、かえって道をふみはずすってことですね。

山田　そうとも。とはいえ「此道《このみち》や行人《ゆくひと》なしに秋の暮」といった孤独の道を歩むことは、軟弱なぼくにはできそうもない。でも、その弱さがむしろ救いだったりしてね。

ニック　大丈夫。先生には、ぼくがついてます。

山田　そいつは心強い。そもそも人間は単独で生きるものではなく、他人とともに生きるものだからね。ニックがイエスの愛につつまれて生きるように、ぼくは他人に頼りながら、よたよたと生きてゆこう。ふむ。どんどん話が脱線しちゃうけど、もうちょっといいかな？

ニック　もちろん、お願いします。

山田　阿弥陀仏は、自力でやれる善人よりも他力にすがるしかない悪人のほうを優先してくれるらしいんだけど、いまひとつ悪人になりきれない小生としては、なんとなく安心できない。でさ、たしか『聖書』に放蕩息子《ほうとうむすこ》の話ってのがなかったっけ？

ニック　The Prodigal Son の話ですね。「ルカによる福音書」の第十五章です。あるひとに二人の息子がいた。父は兄弟に財産を分け与えた。生前贈与ってやつですね。弟は遠い国に旅立ち、そこで放蕩のかぎりを尽くし、スッカラカンの無一文になったので、けっきょく故郷に帰ることにした。父は帰ってきた弟を大歓迎し、祝宴をひらく。マジメにやっていた兄は父に不満をぶつける。すると父はこういいます。

子よ、お前はいつもわたしと一緒にいる。わたしのものは全部お前のものだ。だが、お前のあの弟は死んでいたのに生き返った。いなくなっていたのに見つかったのだ。祝宴を開いて楽しみ喜ぶのは当たり前ではないか。

山田　このThe Prodigal Sonは、放蕩息子をあたたかく受けいれるという神の愛の物語だとおもいます。父親が「走り寄って首を抱き、接吻した」のは、バカ息子の罪を自分の罪として背負ったんだろうね。神が人間の罪を無条件で背負うように。

ニック　ところが兄のほうは文句をいう。

山田　成果に応じて報酬を与えるっていうのが世間の常識だけど、父親はそれをふみにじったからなあ。

ニック 先生も不公平だっておもわれますか？

山田 うん。でも、父親はたぶん能力主義を否定したんだろうね。有能なものも、無能なものも、かけがえのない唯一者だ。それぞれ個人の能力にちがいはある。だけど、その能力は神によって、つまり偶然に与えられたものだから、個々にかけがえのない絶対の価値をもっている。と、まあ、理屈としてはそうなんだろうけど、俗人の悲しさ、マジメに働いた兄貴をほったらかして、遊びほうけたせいで落ちぶれた弟のことを手厚くもてなすってのは、やっぱり不公平だとおもっちゃうんだよなあ。

ニック でも、べつに不公平でもないでしょ？　バカ息子のほうは受けついだ財産をすべて失ったんだし、マジメ息子のほうは父の全部のものを受けつぐんですから。兄の問題は、父の心っていうか、父の価値観がわからないってことだとおもいます。

山田 ほおほお。

ニック 兄はパフォーマンスによって父の愛を受けられるとおもってる。しっかり働いてれば父の賛成を得られるとおもってる。

山田 なるほどね。てっきりバカ息子を歓待するのは「父の権限」であって、せがれがいちいち気に病んじゃいけないっていう話かとおもってたよ。

ニック 父はとにかく愛する。息子には愛されていることをわかってほしい。その愛を受けていれば、どう生きてもいいんじゃないでしょうか。ちゃんと働くことよりも、親の愛する心を知ることのほうが、ずっと大切だとおもいます。マジメな兄は「良い子は愛される」とおもってるけど、バカな弟のほうは「バカ息子になっても、父は私のことを捨てるどころか、なにもかも水に流して歓迎してくれた」と父の愛する心を深くわかるようになった。それは全財産よりも価値の高いものかもしれないです。

山田 そっか。でも、ヒガミっぽいもんで、こういう話を読むと、どうしても「救うのは神で、救われるのが人間だ」っていう気がしちゃうんだよ。人間は自分の努力で救われたりはしないってね。

ニック たしかに人間は無力です。だから神の愛を信じればいいのです。

山田 だれを救うか、神に説明責任はない。このことを素直に受けいれないと一神教は成り立たないんだろうな。

ニック 「神は、すべての人々が救われて真理を知るようになることを望んでおられます」(「テモテへの手紙 一」第二章)とあるように、神はみんなを救いたいんです。

隣にいる他人を自分のように愛する

山田 唯一の神をもつということは、煎《せん》じ詰《つ》めれば、神のまえでは万人が平等だってことになるんだろうね。ところで、『旧約聖書』には「律法」が書かれてあって、律法ってのは人間が神にしたがうためのルールだとおもうんだけど、人間って生きものにはルールを完璧にまもることなんて無理なわけで、だからイエスは律法をやかましく説かないで「愛」を説くんじゃないだろうか。律法も、愛も、どっちも神と人間とを正しくつなぐものなんだけど、イエスはもっぱら愛を説く。いや、なにを気にしてるかっていうと、イエスは「隣人愛」を説くよね？

ニック ええ。たとえば「マタイによる福音書」の第二十二章では「隣人を自分のように愛しなさい」といってます。

山田 隣人愛ってのは、隣人を律法によって裁《さば》くのではなく、自分のように愛することだとおもうんだけど、律法はなんか人間が人間を裁くさいの根拠っていう感じがするのに対して、愛とはすべてを神の心にゆだねるってことなんじゃないかとおもってさ。

ニック　律法は、本来は人間が人間をジャッジするさいの根拠ではなく、神さまに近づくのになにが必要なのかを教えているんだとおもいます。たとえばeye for eye, tooth for tooth（目には目を、歯には歯を）とあるのは、「このように裁きなさい」というよりも「かれがやったことよりもひどい刑罰はダメだよ」といってるんです。

山田　なるほど。ふむ。隣人とは、わたし自身がそのひとの隣人となることによって、わたしに隣人として与えられるひとのことだろう。わたしは自分を他人のように愛することとはないよね？

ニック　まあ、そうでしょうね。

山田　わたしは自分を自分自身として愛する。だとすると隣人愛とは、わたしが自分を離れて、あるいは捨てて、わたしの隣人である他人となって愛することだね。だから「わたしの隣人とはだれか」という問いはまちがっている。

ニック　問いそのものが根本的にまちがっているんですか？

山田　そう。ニックがそのひとの隣人となることによって、そのひとが隣人として与えられる。そしてニックにとって、そのひとを隣人として与えてくれた神自身が、ニックの隣人となってニックを愛してくれる。

ニック　そこまでわかってらっしゃるのに、どうして先生は神の愛を信じないのでしょう。

山田　どうしてだろう。よほど罪ぶかい人間なんだろうねえ。神のことは信じられないけど、ニックという人間のことは、けっこう信じてるよ（笑）。

優等生のフリをしちゃいけない

ニック　この父の価値観の話は、ダルマがはじめて中国に来たときのエピソードと似てませんか？

山田　ほお。ええと、梁《りょう》の武帝がダルマを引見したときの有名な問答だね。

武帝「わしは天子の位についてより、僧を育て、寺を建て、経を写し、仏像を造ってきた。どういう功徳《くどく》があるだろうか」
ダルマ「無功徳」。

武帝が「お寺を建てたり、お坊さんにお布施したり、仏教を大いに支援してきたんだけど、どれくらい好《よ》いことがあるだろう」とたずねると、ダルマは「好いことなんてない」とバッサリ。

ニック ひとの価値は「やったこと」で決まるわけじゃない。禅だったら、その価値は「本来の自己」にあるんでしょ？　キリスト教の場合も、ひとの価値は父なる神から本来の自己への愛を信じることあるとおもいます。

山田 ぼくの妄想癖がうつったのか、ニックの連想もなかなかのもんだね。

ニック マジメな兄は、本来の自己、つまり「愛されている本来の自己」に気づいていないいんです。「ちゃんとやってる自分」には気づいているけど。バカな弟は、情けない自分だけど、父に愛されている自分に気づいた。バカな弟のように、裸になって、情けないところを全部さらけ出した状態にならないと、父の愛がどれだけ深いかには気づけないんだとおもいます。「わたしはコレができるから愛される価値がある」とおもってしまうのはダメなんです。

山田 さっきの悪人正機説じゃないが、ふらふらと享楽的に生きている人間のほうを、神さまは救ってくださったりするわけだ。

ニック われわれは迷子であって、そういう迷っている自分に目覚めなきゃならないってことです。「自分はしっかりしてる」とおもっている自分は、ほんとうの自分ではない。道に迷ったり、愛を求めたり、自分のダメなところを隠さない「子供の心」こそ、神に愛される心なんだとおもいます。

山田 優等生のフリをしちゃいけないってことだね。

ニック ええ。そういうのって偽《いつわ》りの自分ですから……あれれ？

山田 ん？　どうした？

ニック 先生、あのベンチに坐って本を読んでる女性、どこかで見たことがあるような気がしませんか？

腹がへったら食い、疲れたら眠る

山田 どれどれ。ああ、数学の早野先生の奥さんだ。いっしょにお宅におジャマして、朝まで飲んだじゃないか。ご挨拶しよう（と近寄り）こんにちは。

早野 あら、山田先生。それと、たしかニックさんよね？

ニック おぼえていただいていたとは光栄です。

早野　おふたりで遊びにいらっしゃったもの。ニックさんはお上品だったけど、山田先生はずいぶん酔って、なにか歌ってらしたわね。

ニック　若山牧水に「酒は静かに飲むべかりけり」という歌がありましたよね。

山田　飲めば酔え、酔えば歌えの酒心ってね。それはそうと、お散歩ですか？

ニック　ええ。専業主婦もたまには外の空気を吸わなきゃとおもって。

山田　それは結構ですな。ふだんの生活を支えてくれてるのは、なんてったって奥さんですから。ふだんの生活といえば、「平常心是れ道《びょうじょうしんこれどう》」という禅語があるんだけど、聞いたことある？

ニック　もちろん。ふだんの当たり前の心こそが道であるという意味ですよね。

山田　道というものを対象化し、それをもとめてアクセクしちゃいけない。腹がへれば食い、眠くなれば寝る。そういうふだんどおりのあり方が道なんだ。大珠慧海《だいじゅえかい》にこんな問答がある。

源律師がたずねる「和尚は道を修行なさるのに、手立てをもちいますかな」。

「もちいるとも」。

「どういう手立てでしょうか」。

「腹がへったら飯を食い、疲れたら眠る」。

「あらゆる人間がみなそうです。師のおっしゃる手立てと同じでしょうか」。

「同じではない」。

「どうして同じではないのでしょうか」。

「かれらは腹がへって飯を食うとき、こころから食うのではなく、なんだかんだと注文をつけ、疲れて眠るときも、こころから眠るのではなく、あれやこれやと考える。だから同じではない」。

律師は黙った。

ニック 慧海は「腹がへったら飯を食い、疲れたら眠る」っていってるけど、そんなことに手立てもヘッタクレもないって感じだよね。
だれだってやりますから、たしかに「あらゆる人間がみなそうです」といいたくなります。

早野 あら、そうかしら。お腹が空《す》いたら食べるといっても、その食事はあたしたち主婦がつくってるのよ。

山田 ごもっとも。せめて皿洗いくらい手伝わせていただきましょう。

ニック おや？　聞き捨てなりませんね。先生は皿洗いをなさってないんですか？　ぼくは毎日やってますけど。

山田 なんだか妙な風向きになってきたぞ。ええと、腹がへったら食い、疲れたら眠るっていう、そういう日常生活にあっても、「あれが食いたい」「いますぐ眠りたい」と自分の欲望をおさえられなかったり、「こんなの食べてるのは恥ずかしい」「いま眠ると叱られそう」と他人の思惑にふりまわされたり、じつは簡単でなかったりするんじゃないかな。

ニック たしかに平常心でふるまうのは、意外とむつかしいかもしれませんね。

山田 「いま・ここ」にいる自分をあるがままに受けいれて、ひたすら「腹がへったら飯を食い、疲れたら眠る」のって、けっこう大変なことなんじゃないだろうか。

ニック 「こころから」ってのが困難なんでしょうか？

山田 そうそう。われわれは日常的に「こころから」やりたいことをやってるかな？　世間《せけん》体《てい》を気にしたりしてない？

ニック　いくら「こころから」といっても、欲望に純粋にふりまわされちゃうのはダメなんじゃないですか？

山田　欲望にふりまわされるとき、ホントに「こころから」欲望にふりまわされているだろうか。

ニック　「こころから」欲望にふりまわされる？

山田　うん。欲望にふりまわされたいなら、ホントに欲望にふりまわされればいい。

ニック　……。

神さまに下駄をあずけちゃおう

早野　「いま・ここ」にいる自分をあるがままに受けいれるっていうのは、つまり自分で判断しないってことじゃないかしら。

ニック　ああ、そういうことなら、「フィリピの信徒への手紙」の第四章にこんなふうにあります。

どんなことでも、思い煩《わずら》うのはやめなさい。何事につけ、感謝を込めて祈りと願いをささげ、求めているものを神に打ち明けなさい。そうすれば、あらゆる人知を超える神の平和が、あなたがたの心と考えとをキリスト・イエスによって守るでしょう。

山田 ほお、すっかり神さまに下駄をあずけてしまおうって寸法だね。

早野 それって簡単なようでいて、じっさいは大変なことかもしれないわねえ。

山田 「求めているものを神に打ち明けなさい」っていわれても、なにを「求めている」のか自分でもわからないし、それを「打ち明ける」のもむつかしそうだねえ。「思い煩うのはやめなさい」っていうけど、そういえばと似たようなセリフがなかったっけ？

ニック 「マタイによる福音書」第六章の「明日のことまで思い悩むな。明日のことは明日自らが思い悩む。その日の苦労は、その日だけで十分である」ですか？

山田 それそれ。ふむ。一日の苦労は一日で十分ねえ。わかっちゃいるけど、つい引きずっちゃうんだよなあ。「いま・ここ」にいる自分をあるがままに受けいれさえすれば、今日の苦労を明日に引きずらずにすむんだろうけどさ。

早野 その日の苦労はその日だけで十分だっていわれても、家事は毎日つづくのよ。引きずるもなにも、連日のことなんだから。

山田 お察しいたします。このさい風呂洗いもやらせていただきましょう。でも考えてみると、人間ってのはプロセスに引きずられる生きものなのかもしれないなあ。そういえば早野先生はたしか学生時代から宝クジを買いつづけてるんじゃなかったっけ。

早野 そうなのよ。うちの主人ったら、宝クジを買いつづけて四十年、一度も当たったことないみたいなのよ。「お金をドブに捨てるようなもんだから、もう諦《あきら》めたら」というと、悲しい顔をして「それができれば苦労はない。これまでの四十年分の投資をおもうと、いまさら止《や》められない」っていうのよ。

山田 数学の教授のくせにこれだもんなあ。やっぱり人間ってのは引きずる生きものなんだよ。

ニック 引きずりたくなかったら、すべてを神の御心《みこころ》にゆだねればいいのです。

山田 それができれば世話はない。自家撞着してるみたいだけど、「いま・ここ」にいる自分を、自分の力であるがままに受けいれたいんだ。

ニック 「ヤコブの手紙」の第四章にはこんなふうに書いてます。

あなたがたには自分の命がどうなるか、明日のことは分からないのです。あなたがたは、わずかの間現れて、やがて消えて行く霧にすぎません。むしろ、あなたがたは、「主の御心であれば、生き永らえて、あのことやこのことをしよう」と言うべきです。

山田　「いま・ここ」にいる自分をあるがままに受けいれるというのは、つまり「主の御心」にゆだねきることです。

早野　ところが、こちとら俗物なもんで、「いま・ここ」にいる自分をあるがままに受けいれることが、どうして「主の御心」だとわかるのかってことが、わからないんだ。

山田　そもそも「いま・ここ」にいる自分を大切にするっていうけど、それって家事に追われている主婦にはむつかしいわね。自分のことは二の次で、いつも旦那の世話や子どもの面倒ばっかりだもの。どうせなら米研《と》ぎもお願いしようかしら。

早野　もちろん喜んでやらせていただきます。それにしても「あなたがたは、わずかの間現れて、やがて消えて行く霧にすぎません」ってのは凄いなあ。

山田　あら、なにが凄いのかしら？

山田　なにがって、人間がなにを成《な》し遂《と》げようとも、けっきょくは死んじゃうんですよ。

早野　最終的には死んでしまうんだから、すべては無に帰《き》すってこと？

山田　ええ。けっきょく無に帰すからといって、べつに生きることが無意味だってことにはならないんでしょうけど。

早野　でも、しょせん無に帰すんだとおもうと、ちょっと虚《むな》しかったりするわよ。じつは主人のお母さんの介護をしているんだけど、正直いって、ときどき疲れちゃうというのも事実なのよ。介護すること自体は、けっして虚しいとはおもっていないんだけど。

山田　いくら介護しても親が亡くなるまでのことだというのも、ひとつの事実でしょう。しかし、それは「すべて」ではない。ものごとはいろんな見方ができるし、見方によって見え方もちがってきます。この見方だけがホンモノで、ほかはニセモノだってことはありません。

どこまでも受け身になりきってみる

ニック　お母さんの介護をなさることに、早野さんご自身は意味を見いだしているわけでしょ？

早野　ええ、それはそうだけど。

ニック　そういう「いま・ここ」にいる自分の生き方を引き受けられるっていうのは、とても素敵なことだとおもうなあ。

山田　うん。かけがえのない他人の他人として生きるとき、はじめて自分になれるのかもしれないねえ。

ニック　「ヨハネによる福音書」の第四章にこんな話があります。

その間に、弟子たちが「ラビ、食事をどうぞ」と勧めると、イエスは、「わたしにはあなたがたの知らない食べ物がある」と言われた。弟子たちは、「だれかが食べ物を持って来たのだろうか」と互いに言った。イエスは言われた。「わたしの食べ物とは、わたしをお遣《つか》わしになった方の御心を行い、その業を成し遂げることである。」

ほんとうの満足を与えてくれるのは「食べ物」ではなくて神の「御心」をおこなうことだとおもうんです。

早野　お母さんの介護をすることも、神の「御心」をおこなうことだとおもえば、虚しいなんておもわないのかしらねえ。

山田　イエスの言葉は「自己であれ」といっているように、ぼくには聞こえるなあ。神の「御心を行い、その業を成し遂げる」ってのは、とりもなおさず自分らしく生きるってことだとおもいたい。

ニック　大珠慧海が「腹がへったら飯を食い、疲れたら眠る」というのも、べつに動物みたいに本能的に食べたり飲んだりするってことじゃないんでしょ？

山田　それはそうさ。食べたり眠ったりするのは、本来の自己として為《な》すことを為すんだよ。イエスが「わたしをお遣わしになった方の御心を行い、その業を成し遂げる」というのは、むしろ神の為すことを為すという感じなんだろうけどね。

ニック　でも、自分の為すことを為すのと、神の為すことを為すのとは、じつは同じことです。

山田　自分のなかのエゴをなくして、とことん受け身になることによって、自分のなかの神をあらわしてゆくって感じ？

ニック　積極的に受け身になるっていう感じでしょうか。自分のなかのエゴをなくすことは、ほんとうの自分になることなのです。

早野　神さまに身をゆだねてしまって、ひたすら祈りを捧げたりするわけね。

山田 祈りを捧げるねえ。祈りってのは、神との対話という意味合いをもっていると考えていいのかな？

ニック はい。祈りとは、神と対話することだとおもいます。

山田 祈りが神と対話することだとしたら、本来の自己に目覚めるための坐禅と、やっぱり通ずるところはありそうだねえ。

早野 坐禅することによって「本来の自己」に目覚めるっていうけど、どうして本来の自己は眠っちゃってるのかしら？

山田 それは心身を乱れさせる「煩悩《ぼんのう》」のせいでしょうね。

早野 たしかに人間は、だれだって煩悩にまみれているんだとはおもうの。けど、だからこそ強く生きることも可能なんだとおもいたいわよね。

ニック 同感です。罪人であるから弱いってわけでもなく、だからこそ強く生きねばならないんだとおもいます。

忘れられるもんなら忘れちゃおう

早野　あら、いけない。こんな時間だわ。お母さんの介護にもどらなきゃ。ヘルパーさんが来てくれてるあいだだけ、ちょっと息抜きしてたの。

山田　ああ、そうでしたか。じゃあ、ご自宅までごいっしょしましょう（とベンチから起《た》って歩きはじめる）。親子の間柄というと、こんな問答が浮かんできたんですがね。

雪峯《せっぽう》が僧にたずねる「おまえには父母があるか」。

「あります」。

雪峯「吐き出しちまえ」。

別の僧がいう「ありません」。

雪峯「吐き出しちまえ」。

さらに別の僧がいう「なんでまた和尚はあんなことを問いなさるのか」。

雪峯「吐き出しちまえ」。

「父母未生以前《ふぼみしょういぜん》の本来の自己」といったことが問題になってるのかもしれないけど、うんとシンプルに「親は生きとるか？」でよいような気もするんだよね。

ニック　「父母はあるか」と問われ、一人目が「あります」と答えたら、「吐き出しちまえ」といわれ、二人目が「ありません」と答えたら、「吐き出しちまえ」といわれ、三人目が「なんでそんなことを問うのか」と問い返したら、やっぱり「吐き出しちまえ」といわれちゃってますね。

早野　吐き出しちまえっていうのは、親のことなんか忘れちゃえっていうのかしら？

山田　ええ。自分を生んでくれた親のことは、いつだって気になります。生きていれば生きているで気になるし、亡くなっていれば亡くなっているで気になる。だが、気にするな、と雪峯はいうのです。

早野　三人目の僧が「和尚はなにを問うているのか」と首をかしげるのは、どういうことかしら？

山田　ここまでの二人の質問の意味がわからないってことでしょう。

ニック　ぼくもわかりませんけど。

早野　あたしもよ。

山田　そうかな。質問の意味がわからないってことは、つまり親のことが気になっていないという証拠ですよ。だって生きていようが亡くなっていようが、自分を生んでくれた親のことはいつだって気になるはずじゃない？　それなのに「なにを問うているのか」と首をかしげるのは、親のことが気になっていないってことだ。

ニック　なるほど、それはまずいですね。

山田　どうして？　なにがまずいの？　親のことが気にならないなら、それはそれで結構なことさ。でも、だったら質問自体をもはや気にしないでよい、と雪峯はいうわけだ。

早野　雪峯さんはなにがいいたいのかしら？

山田　突き放したんじゃないかなあ。なに親のことがちっとも気にならんとな、そいつはご立派なことだ、と。親が死んでも涙も流さぬとは、すばらしいお悟りじゃ、と。

ニック　皮肉をいってるんですか？

山田　本来の自己にとって、親があるとおもうなら、それはまちがってる。親はないとおもうなら、それもまちがってる。あるとか、ないとか、それを問題にすることが、そもそもまちがってる。

早野　あるとか、ないとか、そういう問題じゃないってこと？

山田　現に生まれてきてるんだから、父母はあるに決まってるわけで、有無なんて問題にするなってことでしょう。

ニック　有無にとらわれない、有無を超えるってことですか？

山田　そう。有にとらわれない。無にとらわれない。有無にもとらわれない。

自分って「他人の他人」だったんだ

ニック　親子の間柄って、むつかしいです。モーセの「十戒」はご存じですよね？

山田　うん。セシル・B・デミル監督の映画で観た。チャールトン・ヘストン、ユル・ブリンナーが出てたやつだろ。

ニック　映画もありますけど、「出エジプト記」の第二十章の五番目はこうです。

あなたの父母を敬え。そうすればあなたは、あなたの神、主が与えられる土地に長く生きることができる。

山田　へえ、知らなんだ。十戒に「父母を敬え」とあるのか。子どもにとって父母を敬うことが神との約束をまもるさいの掟《おきて》のひとつなんだね。「吐き出しちまえ」なんて無茶をいう禅坊主よりは、キリスト教の神さまのほうがうんと親切だな。

ニック　親があるとか、ないとか、それを問題にすることがまちがってると雪峯がいうのも、じつは父母を敬うことと別のことじゃないような気がします。

早野　そうよね。父母を大事にするのは理屈じゃないわよね。

山田　かけがえのない他人の他人として生きるとき、ひとは自分になれるんですよ。

早野　ホントにそうなのかもしれないわねえ……あら、もう着いちゃったわ。お義母《かあ》さんが待ってるから、これで失礼します。どうもありがとう。ちょっと疲れてたんだけど、なんだか元気になったみたい。

山田　それはよかった。ニックは不思議な力をもっていて、かれと話をすると、なぜだか勝手に元気になっちゃうみたいなんですよ。介護に疲れたら、いつでも声をかけてください。

早野　そうするわ。また遊びにいらしてね。おいしいお酒を用意しておきますから。

早野家のまえで奥さんと別れ、ふたりはまた歩きだす。

ニック Homemaker（主婦）だけでも忙しいのに、親の介護もとなると大変ですね。

山田 そうだねえ。ところで、ニックは奥さんにプレゼントをする？

ニック もちろん。birthdayとChristmasにはかならず。

山田 そのプレゼントでは、なにが「やりとり」されているのだろう？

ニック なにがって、プレゼントの品物と、それにこめられた気持ちでしょうか。

山田 『賢者の贈りもの』という短編があるよね。

ニック O.Henryの"The Gift of the Magi"ですね。

山田 恋人たちがおたがいにプレゼントするんだけど、それぞれの贈りものが役に立たないものになってしまう。それでもかれらはハッピーなわけだ。おたがいに対する「おもいやり」がプレゼントされたと感じるから。

ニック 役に立つかどうかということよりも、相手のことをどれくらい「おもいやったか」ということのほうに、プレゼントの本質があるんですね。

山田　それに贈るほうにとっては、贈るまえのプレゼントを準備しているときのワクワクする感じこそが、プレゼントの醍醐味なんじゃないかなあ。

ニック　その感じ、とてもよくわかります。

山田　プレゼントを贈ることは、贈るほうを成長させる。なにをプレゼントしようかと一所懸命に考えることで、贈るほうのこころが成長する。

ニック　プレゼントによって豊かになるのは、むしろ贈るほうかもしれないですね。

山田　相手の喜ぶすがたを想像しながらプレゼントをさがして街を歩いているとき、贈るほうのこころを成長させる「賢者の贈りもの」が与えられているんじゃないだろうか。

ニック　家族のために主婦が働くときも、きっと賢者の贈りものが与えられているんでしょうね。

それをガマンしているのは「だれ」か

山田　早野さんがお義母さんの介護をしてるとき、介護するほうのこころもまた豊かになっているんだとおもう。ふと浮かんだんだが、こんな問答がある。

潙山《いさん》と仰山《きょうざん》とがしゃべっていたとき、潙山がいう
「声が聞こえるばかりで、すがたが見えない。出てこい。すがたを見たい」。
仰山は茶の木を揺らして応じる。
潙山「作用があるだけで、本体がないな」。
仰山「それがしはこうですが、和尚はどうでしょうか」。
潙山はしばし沈黙。
仰山「和尚は本体があるばかりで、てんで作用がない」。
潙山「そういうなら、二十棒は勘弁してやろう」。

ニック　潙山と仰山とは茶畑のなかにいるんですね。茶の木に隠れてて、仰山のすがたは見えない。

山田　声はすれども、すがたは見えず。「出てこい」と潙山はいうわけだ。

ニック　すると仰山は茶の木をゆらゆらと揺らした。

山田　「ここにいるよ」ってことだね。

ニック　潙山は「作用ばかりで本体がない」とダメ出しをする。すがたを見せろ、と。すると仰山は「和尚はどうなんです」という。

山田　ところが潙山はダンマリ。

ニック　「本体ばかりで作用がない」と仰山はダメ出しをする。「デクの坊みたいに突っ立ってないで、声を聞かせろ」ってところかな。

山田　わかりません。

ニック　ここまではいいんですが、ラストの「二十棒はゆるしてやる」という潙山のセリフがわからない。

山田　だよね。これは「なかなか見事な斬り返しだな」と仰山の答えを肯定しているのだろうか？　それとも「そんなんじゃ棒で打たれる資格もないわい」と否定しているのだろうか？

ニック　どっちかなあ。

山田　ぼくの感じだと、潙山は「なに、本体だけで作用がないだって？　よくいうよ。本来なら二十棒という作用があって然るべきところだが、勘弁してやってるんだよ」といってるんじゃないだろうか。二十棒という作用をガマンしているのは、わしという本体なんだぞ、と。

それで「ある」こと、それを「やる」こと

ニック　本体と作用は、どっちか片方だけってことはないんですね。ふむふむ。本体と作用との関係をbeing（「ある」こと）とdoing（「やる」こと）との関係でとらえてみてもいいでしょうか。「ガラテヤの信徒への手紙」の第二章にこうあります。

人は律法の実行ではなく、ただイエス・キリストへの信仰によって義とされると知って、わたしたちもキリスト・イエスを信じました。これは、律法の実行ではなく、キリストへの信仰によって義としていただくためでした。なぜなら、律法の実行によっては、だれ一人として義とされないからです。

信仰（faith）をbeingとして、行為（works）のほうをdoingとして考えると、ひとはdoingではなくbeingによって「義」とされます。

山田　なるほど。専業主婦であれ、介護者であれ、それをやること（doing）もさることなが

ら、それであること（being）が重要だというんだね。

ニック　はい。

山田　潙山は「作用があるだけで、本体がないな」といってたけど、作用があるというのは「律法の実行」で、本体がないというのは「義とされる」ことがないことだ、とニックは連想したんだね。イエスへの信仰が根底にあって、はじめて義でありうる。ただ律法を実行するばかりなのは、たんに作用があるだけってことだ。

ニック　でも、本体と作用は、どっちも必要なんでしょうね。「マタイによる福音書」の第十二章にはこんな言葉もあります。

木が良ければその実も良いとし、木が悪ければその実も悪いとしなさい。木の良し悪しは、その結ぶ実で分かる。

山田　作用によって実ができるんだけど、その根拠は本体、すなわち木にある。キリスト教では、木があれば果実もあるというふうに、信仰があれば行為もあるってことになるんだろうなあ。ふむ。仏教ではこんなふうに考える。やる主体からやる作用がなくなれば、それはやる主体でないし、やる主体のないやる作用というのもありえない。やる主体とやる作用とは、同じともいえないし、異なるともいえない。

ニック 頭がこんがらかるような理屈をこねまわしてますね。

山田 要するに、やる主体、やる作用という概念を否定するわけじゃなくて、そういう「あり方」を実体としてとらえることを否定するんだね。

ニック 煎じ詰めれば、いっしょのことを説いてるんでしょうけどね。ぼくのアメリカにいる両親もだんだん老いてくるから、そのうち介護の問題は出てきます。介護する自分と介護される親との関係って、理屈どおりにいくんでしょうか？

山田 さあ、それは身をもって体験しなきゃわからんだろう。でも、そんなふうに悩むこと自体はわるいことじゃないとおもうよ。

くどいようだけど「二にして一」なんだ

山田 本体と作用との関係もややこしいけど、その作用を本体がどう見るかっていうメタ認識の問題はもっと厄介だよ。

ニック　ぼくの勘では、きっと「二にして一」なんでしょうね。

山田　まあまあ、そう先回りしないで、ちょっくら理屈をこねまわしてみよう。

仰山《きょうざん》と山道を歩きながら語りあっていたとき潙山《いさん》がいう「色《しき》を見て心《しん》を見る」。

仰山「色を見て心を見る、と和尚はおっしゃる。あの木は色ですが、いったいなにが和尚のおっしゃる色において見られる心でしょうか」。

潙山「おまえが心を見るならば、どうして色を見ようか。色を見るのが、おまえの心にほかならない」。

仰山「そうであるならば、まずは心を見て、それから色を見る、とおっしゃりそうなものです。どうして色を見てしまってから心を見るなんてことがありましょうか」。

潙山「わしはいま木と語っておる。おまえには聞こえるかな」。

仰山「和尚が木と語っているならば、どうぞ木とだけ語ってください。それがしに聞こえるか聞こえないかとたずねて、どうなさるおつもりか」。

潙山「わしはいまおまえとも語っておる、おまえには聞こえるかな」。

仰山「和尚がそれがしと語っているならば、どうぞそれがしとだけ語ってください。

それがしに聞こえるか聞こえないかとたずねて、どうなさるおつもりか。それがしに聞こえるか聞こえないかとたずねるなら、木にも聞こえるか聞こえないかをたずねて、はじめて首尾がととのいましょう」。

ニック 「色」とは認識の対象となる物質的存在で、「心」とはそれを認識するはたらきだ。こみいった議論をしてますね。もうちょっと噛みくだいて解説していただけませんか。

山田 よしきた。ほしいままに読みなおしてみよう。

潙山「木を見ることは心を見ることだ」。
仰山「へえ。木を見たうえに、さらに木を見る心も見るんですか」。
潙山「心を見てるなら、すでに木は見てないってことだろ。木を見ることが、つまり木を見る心を見ることだ」。
仰山「でも、木を見ることと木を見る心を見ることとを区別するのなら、まず木を見る心を見て、それから木を見るんじゃないですか。まず木を見て、それから木を見る心を見るなんて、できっこないでしょう」。

「木を見ること」と「木を見る心を見ること」とは区別できない、と仰山はいう。現に木を見ているとき、「木を見ている」とメタ認識している心を見ることはできない。木を見ることと心を見ることとは「二にして一」なんだよ。

ニック 出ました、「二にして一」。

山田 「見るものなくして見る」こと、つまり心を見ることと、「見るものが、見られるものを見る」こと、つまり木を見ることとが、ひとつである。主客未分の経験と、主が客を見る経験とが、ひとつである。そういう議論をしてるんだとおもう。で、形勢不利とおもったのかどうか、潙山は話の風向きを変える。

潙山 「木と語ってるんだけど、聞こえるかな」。

仰山 「木と語ってるなら、木とだけ語ってください。聞こえるか聞こえないかたずねて、どうしようってんですか」。

潙山 「おまえとも語ってるけど、聞こえるかな」。

仰山 「わたしと語っているなら、わたしとだけ語ってください。聞こえるか聞こえないかたずねて、どうしようってんですか。わたしにたずねるなら、木にもたずねてください」。

ニック 後半になると「共に聞く（見る）」という問題がはいってくるんだが、とりあえず仰山は首尾一貫している。「木と語ること」と「木と語っていることについて他人と語ること」とは区別できない。仰山は「見られているものが、見られていることも同時に見ているか」という問題を、「語られているものが、自分に語られていることも同時に見ているか」というかたちで提出しているんだとおもう。

山田 おもしろいですね。

ニック ぼくが女の子を見る。ぼくは女の子を見ていることを見ているだろうか？　女の子は見られていることを見ているだろうか？　女の子が見られていることを見ているということを、ぼくは見ているだろうか？

山田 「見られている」ことを相手が意識しているということを、相手のなかに見る、あるいは見ない、というのはどういうことかっていう問題ですね。

ニック それはぼくが相手を見ることと「ひとつ」なのか「ひとつでない」のか。

他人って自分を映す鏡だったりする

ニック　ものすごく面倒くさい議論になってきちゃいましたね。

山田　乗りかけた船だ、もうちょい乗ってみよう。仰山は「わたしと語っているなら、わたしと語るだけにしてください。聞こえるか聞こえないかたずねて、どうしようってんですか」とイチャモンをつける。この仰山の言い分はもっとものように聞こえるけど、はたしてどうだろう？

ニック　もっとものように聞こえますけど。

山田　木を相手にして語っているとき、木がそれを聞いているかどうか、とりあえず見えてはいる。人間相手の場合はどうか。相手を見ているだけではなくて、相手が聞いているかどうかも意識している。しかし相手が聞いているかどうかは、たずねてみないとわからない。

ニック　人間はそれぞれ意識をもっていますもんね。

山田　「ぼくはいま木と語っている」とぼく自身に語っているのであれば、自分が聞いているか聞いていないかは、たずねるまでもない。しかし「ぼくはいまキミとも語っている」と相手に語っている場合は、相手が聞いているかどうかを意識することと、それを相手にたずねることとは、「ひとつ」のことだ。しかし、と仰山はいう。しかし、もしたずねる必要があるというのであれば、木に語りかけているときも、木が聞いているかどうかを木にたずねる必要があるでしょう。で、その必要がありましたか、と。

ニック 介護する自分と介護される親との関係も、ことさらに意識することはないのかもしれませんねえ。

山田 ヘンに意識せずに、ごく自然にやりたいなあ。まったくだ。もっとも、ぼくが講義しているとき、学生諸君が聴いていないことは、ひしひしと意識してるけどね。

ニック それは学生のほうが怪《け》しからんですね。

山田 いや、こっちこそ忸怩《じくじ》たる思いさ。鏡に映せば、自分の姿は見える。じゃあ自分の内なるあり方を映す鏡は、どこにあるのか？　それは他人だろう。他人という鏡に映るものを見て、ぼくは自分のあり方を知る。

ニック 自分の欠点が見えるってことですね。

山田 欠点も長所も、どっちもさ。まあ、たしかに欠点のほうが目につくかもしれないね。だからこそ他人のちょっとした反応のなかに、自分のあり方を映す鏡を見いださなきゃなんない。

ニック 共感できる人だけじゃなくて、すこし苦手だとおもう人も、自分を映してくれる鏡なんですね。そういえば「マタイによる福音書」の第七章にはDo not judge, or you will be judged. といってます。

人を裁くな。あなたがたも裁かれないようにするためである。あなたがたは、自分の裁く裁きで裁かれ、自分を量る秤《はかり》で量り与えられる。

他人を批判すると、自分にも批判が返ってきます。他人を批判するときの自分の気持ちって、まるで鏡のように自分のあり方を反映しています。

山田 そういう機微《きび》もあるだろうね。いずれにせよ、かけがえのない他人と出会うことによって、ひとは自分自身に出会っているんだよ。

第三章

世界の真ん中で「主人公！」と叫ぶ

日曜日の午後。ふたりは肩をすぼめて歩いている。とある予備校のまえにさしかかったとき、ニックがその看板を指さしていう。

ニック ここで勉強している受験生、高尾裕太くんというんですが、ぼくが家庭教師として英語を教えてるんですよ。高尾くんって、ちょっと線は細いけど、優しい好青年です。でも、かれって中学生のときイジメにあってたみたいなんですよね。

山田 そいつは腹が立つなあ。ぼくはイジメってやつが、どうも問答無用でゆるせないんだよねえ。

ニック 高尾くんの場合、イジメというよりも、かれがとても繊細で、すぐに傷つきやすい性格だってだけなのかもしれませんけどね。

ガツンとくるけど、ネチネチしてない

山田 イジメのことを考えるとムシャクシャしてくるから、わざと話をズラすと、趙州《じょうしゅう》にこんな問答があるんだ。

「忠告の言葉って、どういうものでしょうか」。
趙州「おまえの母親はブサイクだな」。

ニック 原文の「忠言」というのは、誠意のある言葉ってことですか?

山田 そう。「忠言は耳に逆らう」といって、いくら誠意があっても、いましめの言葉は聞き入れにくいもんだ。

ニック 「おまえの母親はブサイクだな」って、聞き入れにくいにもほどがありますね。

山田 たぶん質問者は、そのとき母親とケンカしてたんじゃないかな。「うちのクソババアになんていってやりゃいいんでしょうね」と息子はグチる。「おまえの母ちゃんときたら、まったくブスだよな」と趙州は息子の肩をもつ。息子のこころを察し、その味方になってやる。

ニック いやはや、ずいぶん想像力をたくましくして読むもんですねえ。

山田 それが禅問答とつきあうコツだよ。母親のことをブスよばわりされては、いくらケンカしているとはいえ、息子としては心中穏やかでない。「たしかに器量はよくないですけど、そうボロクソにいうこたあないんじゃないすか。あれで優しいところもあるんすから」と、ケンカしてたことはどこへやら、肉親の情がわいてくる。趙州の作戦勝ちだね。

ニック　なるほど。回りくどいけど、ちゃんと「忠言」を与えていたんですね。

山田　うん。いささか俗な解釈ではあるけど、こう読むしかないんじゃないかなあ。まったく趙州さん、煮ても焼いても食えない。

ニック　回りくどいといえば、イジメの話をしてたのに、どうして先生が趙州の問答をおっしゃったのか、いま腑に落ちましたよ。

山田　へえ。いや、じつは自分でもわからなくなってるんだけど。

ニック　ひどい侮蔑の言葉を投げつけるのってイジメにもありそうだけど、そうじゃない場合もあるかなあって先生は連想されたんですよ。

山田　ああ、いわれてみれば、そんな気もしてきた。「おまえの母ちゃんデベソ」と汚い言葉を投げつけたり、ときにはツバをひっかけたり、まるでイジメみたいなことをしても、禅問答の場合はちっとも陰湿な感じがしないんだよね。

ツバをひっかけるってホントなの？

ニック　またあ、ツバをひっかけたりするんですか？

山田　しょっちゅうだよ。たとえばこんな問答はどうだい。

ある行者《ぎょうじゃ》が法師につきしたがって仏殿にはいる。

行者は仏像にツバをひっかける。

法師はいう「こら、不作法であるぞ。どうして仏像にツバをひっかけるのだ」。

行者「わしに仏像のいないところを返してくれたらツバをひっかけよう」。

潙山はこれを聞いていう「行者は不仁者であり、不仁者こそが仁者である」。

仰山は法師に代わっていう「行者にツバをひっかけよ。もし行者が文句をいったら、こういうがよい。わしに行者のいないところを返してくれたらツバをひっかけよう、と」。

ニック　仏像にツバをひっかけて、それを注意されると、ツバをひっかける対象である仏像がなくなったらツバをひっかけようというのは、さっぱりわけがわかりませんね。

山田　仏像がある。見た目には完璧な仏である。だが考えてみると、たんなる仏像でしかない。たんなる仏像でしかないのに、仏であるように「見える」ので、かえって腹立たしい。

ニック　で、ツバをひっかける。

山田　仰山も「わしに行者のいないところを返してくれたらツバをひっかけよう」という。なかなか立派な行者であるように見える。だが、じつは行者というに値しないことは、はじめからわかっている。とはいえ行者としか見えないので、かえって腹立たしい。

ニック　で、ツバをひっかける。

山田　ツバをひっかけるという行為は、ひょっとして腹立たしい気持ちの表現だったりして。

ニック　やれやれ。なんだか聞き分けのない子どもみたいですね。

山田　まるで生きてるような美人のロボットがいる。あやしげな動きをするので、つい我を忘れて抱きついた。ふと我に返ってみると、ロボットである。我にロボットであることを「返して」きたので、腹が立ってツバをひっかけた。

ニック　先生なら、やりかねませんね。

山田　こらこら。もうちょっと素直に考えてみようか。この行者、なんにでもツバをひっかけるんだ。

ニック　ものすごく行儀がわるいわけですね。

山田　でも、行者にしてみれば「ツバをひっかけるのがオレだ」というわけだ。なのに法師は「どうして仏像にツバをひっかけるのだ」と叱る。

ニック　そりゃあ叱るでしょう。

山田　どうして？

ニック　どうしてって、だって仏像ですよ。ありがたいご本尊にツバをひっかけるなんて失礼じゃないですか。

山田　キリスト教では偶像崇拝を禁じてるんじゃなかったっけ？

ニック　それはそうですけど。

山田　昔々、踏み絵というのがあった。

ニック　ああ、隠れキリシタンを迫害するために、イエス像やマリア像を彫った真鍮製の板をふませたんですよね。

山田　でもさ、キリスト教では偶像崇拝はダメということになってるんだから、もし信仰がほんものなら、踏み絵は信仰のさまたげにならないんじゃないかなあ。踏み絵をさせたほうの愚かさが目立つばかりだとおもうんだけど。

ニック　理屈ではそうですけど、ぼくも踏み絵はイヤだなあ。

山田　だろうね。そういう愚劣なことをさせるほうもさせるほうだけど、でもさ、もし踏み絵をふんづけて隠れおおせたキリシタンがいたとしたら、そいつは凄いとおもうなあ。ま、それはさておき行者だけど、わざわざ仏像にツバをひっかけたわけじゃない。

ニック　え？　どういうことですか？

山田　そこに仏像があるからツバをひっかけただけ。ツバをひっかけるのが行者なんだから。

ニック　でも、じっさい仏像にツバをひっかけてるわけでしょ。

山田　それは仏像があるからさ。わざわざ仏像にひっかけたわけじゃない。

ニック　仏像がそこにあるのがわるいんですか？

山田　まあね。だから行者は「わしに仏像のいないところを返してくれたらツバをひっかけよう」という。

ニック　なんだかヒネクレた行者ですねえ。

山田　仰山はそれを逆手にとって、行者にツバをひっかけ、もし行者が文句をいったら「わしに行者のいないところを返してくれたらツバをひっかけよう」という。

ニック　むしろ痛快な斬り返しのようにおもえてきちゃいましたよ。

山田　ツバをひっかけるといえば、こういうのもあるよ。

「それがし遠路はるばる参りました。和尚、なにとぞお示しください」。

趙州「おいでなすったか。待ちかねたぞ、ツバをひっかけてやろう」。

ニック　あらあら。今度はいきなりツバをひっかけるんですか。

山田　門をはいったとたんにツバをひっかけるのは、仏法を外にもとめるのは大間違いだ、顔を洗って出直せ、といった感じかな。

ニック　それにしても、出会い頭《がしら》にツバをひっかけられるのは、さすがにイヤだなあ。

山田　たぶん遠路はるばる参上したってことを強調したのがまずかったんだとおもうよ。師を「求めて」はるばるやってきた。そして恩着せがましく「教えろ」とやった。で、趙州、つむじを曲げた。そんな感じじゃないかなあ。

ニック　どっちみち、たしかに禅問答にイジメの陰湿さはないですね。むしろガキっぽくて、クスっと笑っちゃいそうです。

山田　ツバを吐きかけるってやつ、もうひとつだけ読んでみよう。

雪峯《せっぽう》が僧にたずねる「どこの出身だ」。

「磁州《じしゅう》です」。

雪峯「聞くところによれば、磁州は金の産地らしいが、ほんとうか」。

「どういたしまして」。

雪峯「で、もってきたか」。

「もってきました」。

雪峯「もってきたなら、見せてみよ」。

僧は手のひらを開いて差し出す。

雪峯はツバをひっかける。

また別の僧にたずねる「どこの出身だ」。

「磁州です」。

雪峯　「聞くところによれば、磁州は金の産地らしいが、ほんとうか」。

「どういたしまして」。

雪峯は手のひらを開いて差し出す。

僧はツバをひっかける。

雪峯はすぐさまゲンコツを食らわす。


「もってきたか」「もってきました」「見せろ」。ほら、とカラッポの手のひらを開いて差し出す。もってきてないじゃん、とツバをひっかける。別の僧がくる。「もってきたか」「もってきました」。くれ、と手のひらを開いて差し出す。図々しいよ、とツバをひっかけられる。うるさい、とゲンコツを食らわす。

ニック　開いて差し出した手のひらに、ツバをひっかけたり、ひっかけられたり、なにやってるんでしょうか？

山田　いかにも禅臭く考えれば、カラッポの手のひらを開いて差し出すというのは、「自己をもってきたから、そいつを見ろ」「自己をもってきたのなら、そいつを見せろ」ということだろうね。

ニック　手のひらを開いて差し出すのが、自己を見せることになるのかなあ。

山田　前半、手を差し出したのは僧だ。そこにおまえさんの自己はない、と雪峯はツバをひっかける。後半、雪峯のほうが手を差し出す。ここにおまえさんの自己を見せろ、と。

ニック　それに対して、なぜ僧はツバをひっかけたのだろう？

山田　まさか物欲しそうな師のすがたに幻滅したってことはないですよね。

ニック　いずれにせよ雪峯のゲンコツは、「それがおまえさんの自己か」ということだろう。ところで、ツバをひっかける話はこれくらいにして、その高尾くんだけど、いま高校生なの？　それとも浪人？

高尾　たしか高校の三年生です。この予備校の講習にかよってるらしいんですけど……おお、ウワサをすればなんとやら。あそこにいるのは高尾くんです。お〜い、高尾くん。

ニック　（ふりむいて）ああ、ニック先生（といって寄ってくる）。

「語りえない」と語っていいんですか？

ニック　日曜日だっていうのに、予備校でお勉強？

高尾　はい。数学の講習が終わったところで、ちょうど休憩時間なんです。

ニック　紹介しよう。こちら、いつもウワサしてる山田先生。

山田　そのウワサは話半分で聴いといてね。はじめまして。漢文の教師です。趣味は囲碁、特技は尺八。どうぞご贔屓《ひいき》に。

高尾　高尾です。いちおう受験生です。ニック先生に英語を教わってます。

山田　どういうふうに英語を勉強してるの？

高尾　バートランド・ラッセルのエッセイをいっしょに読んでもらってます。

山田　ふうん。ラッセルねえ。ぼくが高校生のころは、しきりに読まれたもんだけどねえ。まあ英語力といっしょに哲学的なセンスも身につくから一石二鳥かもしれない。たしか英語でも一石二鳥っていうんだよね？

ニック　ええ。ただし順番が逆で、Kill two birds with one stone. といいます。

山田　受験には役立たないかもしれないけど、英語ばかりじゃなくて、たまには漢文もってことで、禅問答をひとつご披露しよう。

保福《ほふく》が僧に問う「わしは常日頃からいうておる、言葉で語れないと言葉で語ってはならん、と。たとえ言葉で十全に語れたとしても、しょせん吃音のようなもんだ。ところで、言葉で十全に語れたとしても、どうして吃音でしかないのかのう」。

「これまでの言葉が、すでに言葉で語れたものなんじゃないんですか」。

保福は声を荒げて「脱ぎ捨てちまえ」。

僧は別のことをいいだす「頭のうえにもうひとつ頭を置くことはできません」。

保福「悪党をながいこと拘留したばっかりに、つまらん悪知恵をつける始末になっちまった」。

ニック　なにをすでに語っているのかというと、言葉では語れないってことを語っているわけで、そのことを「頭のうえにもうひとつ頭を置く」といってるんだろうね。

山田　それが「つまらん悪知恵をつける」ことなんでしょうか？

ニック　そうなんだとおもう。語れないものをとりあげて、「それを語るな」と語る。そういうことを「常日頃からいうておる」わけだ。

山田　脱ぎ捨てちまえというのは、どういう意味でしょうか？

ニック　忘れてしまえってことだろう。「考えるな、見よ」っていう感じかな。それはさておき、保福の「言葉では語れないというな」という発言はおもしろいよね。「言葉じゃなくて以心伝心なんだ」なんて言い訳してると、だんだん怠惰な無言、ひいては怠惰な暴言につながってゆく。さらに深刻な事態としては、以心伝心の内容が以心伝心それ自体であるようなものなんてホントに見つかるのか、といった問題も出てくる。

高尾 心を以て心を伝えるっていうことが、おたがい了解できるもんでしょうか？

山田 そこだよ。そもそも言語とは、語り手だけで完結するものではない。語り手が語り、聴き手が理解することがあって、はじめて語り手と聴き手とのあいだに意思の疎通が成り立つ。

高尾 保福はいつも「言葉で語れないといってはダメ。でも、たとえ言葉で語れたとしても、しょせん吃音みたいなもんだ」と矛盾したことをいっていたみたいですが、その矛盾した発言がまさに言葉で十全に語れたものなんじゃないですか、と僧は問うわけですね。

ニック 語りえないといわれてきたものそれ自体が、じつは語りうるものなのでしょうか、といってるみたいですね。

山田 うん。そういう頭でっかちの問いに対して、保福は「抜け出てこい」と叱りつける。

高尾　その保福のお叱りをスルーして、僧は「頭のうえにもうひとつ頭を置くことはできません」と別のことをいってますね。

山田　以心伝心で伝わるものが、それ自体で存在するなら、たとえそれが言葉で伝達されるとしても、屋下に屋を架《か》すことになりゃしませんか、といいたいようだな。

高尾　そういう問題をもちだすのはナンセンスだといってるんですか？

山田　言語的な伝達とは別に以心伝心があるとすれば、そういうことになるだろうね。だが、おそらく保福はそんなふうに考えてはいないとおもうよ。

高尾　じゃあどう考えてるんでしょう？

山田　我《われ》と汝《なんじ》とのあいだの言語的なコミュニケーションのなかで以心伝心は成り立つと考えているんじゃないかな。

ニック　ああ、だからこそ「言葉では語れないっていうな」といったりするんですね。

山田　そう。だとすると保福が「ながいこと捕まえておいたら、すっかり悪知恵がついちまった」というのは、どうやら僧のことをホメてるようだね。

せっかく語るからには明晰に語るべし

高尾 ふうん。ラッセルのエッセイとは別の意味でむつかしいですね。哲学とはまたちがった言語分析のおもしろさがあって、英語もいいけど、禅問答もおもしろそうだなあ。

ニック いかん。先生にまんまと洗脳されつつあるぞ。

山田 ふふ。もう一息だな。『論理哲学論考』におけるウィトゲンシュタインは「語りえないものについては沈黙せよ」という。しかし同時に「語りうるものはクリアに語るべきである」ともいっている。

高尾 語りうるものについては曖昧《あいまい》な語り方をしてはならない、というんですね。

山田 そう。さらに後期のウィトゲンシュタインには「語りたいことは言葉を惜しまないで、しっかり語ろう」という姿勢がある。しっかり語ったうえで、それが意味をもちうる場を吟味しよう、と。この立場は、たぶん保福に近いかな。

高尾 あの、すごく身も蓋《ふた》もない質問なんですけど、そもそも言葉とその意味との関係ってどうなってるんでしょうか?

山田　むつかしい言語哲学のことはパスして、禅のテクストで考えさせてもらうなら、たとえば臨済《りんざい》はこんなことをいってるね。

ちかごろの修行者がダメなのは、言葉を解釈して能事畢《のうじおわ》れりとしてしまうことだ。分厚いノートに死にぞこないの言葉を書き写し、それを丁重に袱紗《ふくさ》につつむと、だれにも見せようとせず、これこそが玄妙なる奥義だとばかり後生大事にしておる。バカ丸出しだ。愚かどもめが、干《ひ》からびた骨からどんな汁を吸おうというのか。

小気味よいくらいズケズケとこきおろしてるねえ。いまどきの連中がさっぱり悟れないのは、文字の詮索《せんさく》にウツツをぬかし、わかったような気になってるからだ。ブッダがああいっただの、ダルマがこういっただの、死んだひとの言葉をあげつらうばかりで、「いま・ここ」で息をしている自分がお留守になっておる、と。

高尾　言葉があって、その言葉は意味をもっているんだけど、言葉そのものを対象化したとたん、それは「干からびた骨」になってしまうんですね。

山田　対象化された言葉は、無味乾燥な記号でしかない。

高尾　みずみずしい意味は消え失《う》せちゃってるってわけか。

山田　記号としての言葉は対象化できても、意味は対象化できない。ウィトゲンシュタインはこういってる（丘沢静也訳『哲学探究』三二九）。

言語のなかで考えているとき、私の頭には言語表現のとなりに「意味」が浮かんでいるのではない。言語そのものが思考の乗り物なのだ。

乗り物だけを対象化しても、だれも乗っていない物体、つまり干からびた骨でしかない。だれも乗っていない乗り物は、意味のない言葉のようなものだ。そもそも言葉は、生きた主体によって使われてナンボのものだから、およそ客観的な認識の対象にはなりえない。

高尾　ふうん。言語は思考の乗り物だっていう譬喩《ひゆ》はおもしろいですね。乗り物であるというのは、それに乗ってゆくことに意味があるということですね。考えるというのは、言葉に乗ってゆくことだとして、言葉に乗っているときは端的《たんてき》に「言葉に乗ってゆく」という出来事が起こってるだけであって、そのこと自体は対象化されない。

山田　うん。考えているとき、考えていること自体は考えられない。

高尾　たしかに言葉に乗っているとき、ぼくはそのことを意識していません。臨済が「干からびた骨から汁を吸おうとするな」というのは、言葉に乗っていることを対象化するなといってるんですね。

山田　ウィトゲンシュタインは「思考とは有意味な命題である」（『論理哲学論考』四）といい、さらに「命題は現実の像である」（四・〇一）という。言葉は現実の像である、というのが若きウィトゲンシュタインのアイデアの根本だね。言葉の外に思考があって、言葉がその思想をあらわすのではない。言葉それ自体が思考なんだ。

高尾　ウィトゲンシュタインという名前は倫理の授業で習ったおぼえがありますが、読んだことはないなあ。

山田　偉そうに講釈しちゃったけど、ぼくもちょこっと囓《かじ》っただけだ。だから眉ツバで聴いてほしいんだけど、『哲学探究』に至って、ウィトゲンシュタインは言語そのものが思考の乗り物なのだというようになる。言葉の外に思考があるんじゃなくて、言葉の操作そのものが思考なんだよ。ただし思考は言葉という乗り物に乗ってゆくんだけどね。『探究』の「乗り物」は『論考』の「像」に対応している。言葉が乗り物だっていうのは、思考の表現手段だってことじゃない。すでにある思考にかたちを与え、それを外に表現するための手段なわけじゃない。それだと乗り物がもっている「行く」というイメージが消えてしまう。車を運転してゆくように、言葉を操作してココからソコへとゆくのが思考だ。そのこととは別に思考という精神的なプロセスがあるわけじゃない。

「つながる」って、そんなに大事かなぁ

ニック ウィトゲンシュタインは、たしかバートランド・ラッセルの弟子ですよね。

高尾 えっ？　そうなんですか？　ますます興味がわいてきたなあ。

山田 首尾よく大学に合格したら、ウィトゲンシュタインを読んでみるといい。ケータイをいじってるヒマがあったら、本を読んだほうがいいからね。

高尾 ぼく、そもそもケータイをもってません。

山田 おお、なんて見所のある青年なんだ。いやね、これは頭の固いオヤジの世迷《よま》い言《ごと》かもしれないけど、いまどきの学生はヒマさえあればケータイやスマホをいじってるが、見

ていて情けなくなってくるよ。

ニック　たんなるヒマつぶしなんじゃないですか。

山田　でもさ、なんか妙な気分になってくるんだよ。技術がどんどん進歩してケータイがイヤフォンみたいに耳にはいるようになったりすると、ほとんどテレパシーだよね。意識と意識とがダイレクトに「つながる」のって、そんなに嬉しいことかな？

ニック　むしろ怖いですね。でも、どうして怖いとおもうんだろ。

山田　それは「他者との関係のなかでしか自分の存在を確認できない」ってことじゃないかな。のべつ「つながりたがる」ことの危険を、どこか本能的に感じるんだろうね。

ニック　だから先生はケータイを携帯しないんですか？

山田　いや、たんに要らないから。きっと、そうまでして「つながる」ことを欲しちゃいないんだろうね。

「いつ」でも「どこ」でも主人公であれ

ニック　どうして「つながる」ことを欲しちゃうのかなあ。

山田　そうだねえ……ふむ。あのさ、禅語にもピンからキリまであるなかで、ザ・禅語というと、ニックはなにを思い浮かべる？

ニック　それはもう、なんてったって臨済の「随処《ずいしょ》に主《しゅ》と作《な》れば、立処《りっしょ》皆な真《しん》なり」です。

山田　ほおほお。たしかに「随処に主と作れば、立処皆な真なり」は、さしずめ禅語におけるピン中のピンだろうね。

ニック　ええ。聴いただけで、こう背筋がピンと伸びますよ。

高尾　どういう意味ですか？

山田　「あらゆる時と場所に自ら主人公となるならば、いかなるところに居ようともそこが真実の場所となる」（入矢義高監修・古賀英彦編著『禅語辞典』思文閣出版）といった意味のようだね。

ニック　主人公となるって、言葉の意味はわかるけど、そういうふうに生きるのはむつかしそうだなあ。

高尾　言葉の意味がわかるって、なにがわかるんでしょうね。「あらゆる時と場所に自ら主人公となる」といわれても、言うは易く、行うは難しっていうんですか、具体的にどういうことなのか、さっぱりわかりません。

山田

「自ら主人公となる」というのは、「オレが、オレが」と我《が》を張ることではない。「オレはオレ、オマエはオマエ」と我《われ》関せずをうそぶくことでもない。ふむ。論より証拠、じっさいに『臨済録』のなかの問答を読んで、主人公となるとはどういうことなのか考えてみよう。

臨済が僧にたずねる「どこからきた」。
僧は「カーッ」と怒鳴る。
臨済は「ようこそ」と挨拶し、「お坐りなさい」と座布団をすすめる。
僧はもたつく。
臨済は打つ。
臨済は僧がやってきたのを見て、払子《ほっす》を立てる。
僧は礼拝する。
臨済は打つ。
別の僧がやってきたのを見て、また払子を立てる。
僧は見向きもしない。

臨済は打つ。

ニック 三つの問答がたてつづけに描かれている。まずは第一の問答からゆこう。「どこからきた」とたずねられて、僧は「カーッ」とやりました。

山田 「どこからきた」とたずねられて「カーッ」とやったんだから、「カーッ」からきたということだろうね。

高尾 「カーッ」からきたって、どういうことですか?

山田 どこからきたもなにも、この「カーッ」という本来の自己からきたのであって、別のところからくるはずはなかろう、と僧はいうのさ。どこからきたかなんて先刻ご承知のくせに、いまさらなにを、と「カーッ」とやったんだろうね。

高尾 ずいぶん威勢がいいですね。

山田 臨済は「わるいわるい。どこからきたかは、じつは知っとったよ。まあ坐れ、話を聴こう」と下手《したて》に出る。

ニック ああ、イヤな予感がするなあ。

高尾 へえ。ニック先生は勘がはたらくようになってるんですね。

ニック まあね。先生とつきあって、けっこう長いからね。

山田 案の定、僧はモタモタする。なにかいおうとして、口ごもる。

高尾 あらら、あんなに元気がよかったのに。

ニック ほら。やっぱりイヤな予感がしたんだよね。

山田 「カーッ」からきたに決まってんだろ、とせっかく威勢よく啖呵《たんか》を切ったのに、「どうぞお坐り」といわれ、二の矢が放てなかった。事をかまえるつもりで「カーッ」とやったはずなのに、アッサリと流され、オタオタしてしまった。ボロが出たわけだ。

ニック で、臨済はすかさずポカリ。

山田 いったいなにしにきたんだ。どこからきたのかは知っとったよ。じゃが、なにしにきたのかまでは、わしゃ知らん。しっかりせい、とポカリ。

高尾 じゃあ座布団をすすめられたら、どうすればいいんですか？　おとなしく坐ればいいんですか？　ふたたび「カーッ」と怒鳴ればいいんですか？

山田 さあ、ぼくは臨済じゃないからね。ただ、坐るにせよ、怒鳴るにせよ、はじめの気合いを裏切るなってことだろうな。つづけて第二の問答にゆこう。

高尾 僧がやってきたのを見て、臨済は払子《ほっす》を立てます。払子ってなんですか？

ニック　払子は、動物の毛や麻などをたばね、これを柄《え》の先っちょにつけて、蚊《か》や虻《あぶ》などを追い払う道具らしいよ。

高尾　掃除のときのハタキみたいなもんでしょうか？

ニック　まあ似たようなもんじゃないの。

山田　僧がやってくる。臨済は「やあ、よくきたね」と払子を立てる。僧はうやうやしく最敬礼。「お示し、ありがとうございます」と。臨済はすかさずポカリ。このポカリ、「よしよし」だろうか？　「たわけ」だろうか？

ニック　タワケってなんですか？

山田　「たわけ！」というのは、「バカもの！」と叱ることさ。

ニック　ふうん。じゃあ、たぶん「たわけ」でしょう。

山田　うん。「わしを拝みにでもきたのかい」とポカリとやったんだろうね。つづけて第二の問答にゆこう。

高尾　別の僧がやってきたのを見て、またまた払子を立てましたね。

山田　臨済は「おお、よくきたな」と払子を立てる。今度の僧は無視。

高尾　あらら。こりゃまた大胆ですね。

山田　「見つかっちゃったか。でも知らんぷりしよう」という感じかな。ずいぶん横着だ。で、臨済はポカリ。このポカリ、「よしよし」だろうか？　「たわけ」だろうか？

ニック　もちろん「たわけ」でしょう。逃げるのか、のポカリだとおもいます。

山田　払子を立てるのは、直観的には「なんの用だ」と訊《き》いてるんだとおもう。ある僧は礼拝する。「なんの用だ」と訊いてるのに、礼拝してどうする。もうひとりの僧は無視する。「なんの用だ」と訊いてるのに、無視するとは怪《け》しからん。ふたりとも見当ちがいもはなはだしい。

高尾　「なんの用だ」と訊くのって、ふつうのことなのに、なんだか厳しい仕打ちのようにおもえてきました。

山田　まったくだ。「なにしにきた」って感じだもんね。それはさておき、この三つの問答、なにか共通の臭いがしない？

高尾　とりあえず全員、ポカリとやられちゃってますね。

山田　ぼくの感想をいうと、三つとも「チンピラが偉い先生にどう対応するか」というのがテーマじゃないだろうか。

ニック　チンピラ？　そういう美味しいものがあったような気もしますが。

山田　それはキンピラ。いや、ひょっとしてテンプラ？　ま、いいや。チンピラってのは、まだ一人前でないくせに、いっぱしの大物のワルをきどることだ。

高尾　生意気な若造って感じですね。

山田　第一の僧は、つまらんことでイチャモンをつけて存在感を出そうとした。第二の僧は、むやみに相手を祭り上げてみせた。第三の僧は、スタコラ逃げようとした。

高尾　どいつもこいつも失格ですね。

山田　しょせんチンピラ、この三つのやり方のどれかになってしまう。

高尾　僧たちはそれぞれ対応するんだけど、みんな打たれちゃったのは、臨済の問いかけに対して「正解を出そう」としたからじゃないでしょうか。

山田　ほお。

高尾　こういう問いには、こう答えるとマル、と正解を出そうとしたから、臨済にポカリとやられちゃったんだとおもうんですけど。

山田　ふむふむ。こう答えるとマルという形式にとらわれなきゃよかったのか。受験生ならではの鋭い読みだね。

高尾　もっと自然にふるまえば、きっとポカリとやられなかったとおもいます。

どの自分がホントの自分だろうか

山田

こう答えるとマルをもらえるだろうから、こう答えようというのは、たしかに主体性を欠いてるね。相手の顔色をうかがわず、つねに主体的にふるまうとき、はじめて自分の人生の「主人公」となることができる。とはいえ、相手あっての自分であって、そこには「人」対「人」の対峙《たいじ》がある。


麻谷《まよく》がやってきて、座布団を敷いて問う「十二面の観音は、どれが正面でしょうか」。

臨済は坐禅の椅子からおり、片手で座布団をとりあげ、片手で麻谷をふんづかまえ「十二面の観音は、どこにいっちまった」。

麻谷は身をひるがえし、坐禅の椅子に坐ろうとする。

臨済は杖で打ちかかる。

麻谷はそれを受けとめ、二人はもつれあいながら居間にはいってゆく。

麻谷は座布団をひろげて、うやうやしく「十二も顔のある観音は、どれが正面の顔でしょうか」とたずねる。現にこうして対峙しているとき、わしが正面なのか、あんたが正面なのか、どっちでしょうな、と。

ニック 挑発しているみたいですね

山田 臨済は坐禅していた椅子からおりると、片手で麻谷のひろげた座布団をひったくり、片手で麻谷の胸倉をふんづかまえる。

高尾 どうして座布団をとりあげるんですか？

山田 「礼拝などという空々《そらぞら》しい挨拶はやめよ」というのかな。いや、むしろ「自分の居場所から見た正面がすなわち正面だ」という感じかもしれない。ほら、こうして居場所をうしなうと、どこが正面がわからなくなるだろ、と迫ってるのかも。見る立場が定まらないと、観音だろうがなんだろうが、ものは見えないだろ、と。

ニック 自分の居場所がしっかりしていないと、どこが正面かわからなくなりますもんね。

山田 臨済はさらに「十二も顔のある観音は、どこからやってきて、どこにゆくのかな」と追い討ちをかける。麻谷を観音に仕立ててあげようとするんだね。これはこれは観音さま、どちらにゆかれるのかな、と。みだりに動きなさんな、と。

高尾　麻谷を観音に見立てようとするって、臨済もひとがわるいですね。

山田　ところが麻谷もさるもの、観音になりきって、さっきまで臨済が坐禅していた椅子に坐ろうとする。お師匠さんの椅子に坐ったら、どんなふうに見えるだろうね、と。あんたの居場所をいただきましょうかな、と。

ニック　ほお。麻谷もやるなあ。臨済になりきってみせたわけだ。

山田　そうはゆくか、と臨済は杖で打ちかかる。バカもの、ひとの居場所を盗むな、と。麻谷はその杖を手で受けとめる。

高尾　まさに丁々発止《ちょうちょうはっし》という感じだ。

山田　ここからは裸の個人どうしの葛藤《かっとう》だ。二人はもつれあい、からまりあうようにして、なかよく居間へとはいってゆく。

高尾　「二人はもつれあいながら」というのが愉快ですね。

山田　まったくだ。必死の形相《ぎょうそう》というんじゃなくて、まるで肩でも組むようにして、アハハハハと笑いながら消えていったんじゃないかなあ。

ニック　ああ、この雰囲気は、いかにも禅っていう感じですねえ。

山田　禅者たちは、どっちが主人公になるか、まさに紙一重のツバぜりあいを演じている。こういうハツラツとした問答は、のほほんと読んでいるだけでは話についてゆけない。

高尾　ええ。ポカンとしちゃいます。

山田　おお、ポカン。そのポカンとするというのが大切だとおもう。

意外な自分に気づいてポカンとしちゃう

ニック　ポカンとするって、頭が真っ白になるっていう感じでしょうか？

山田　「なんじゃこりゃ」と問答の中身にポカンとするわけじゃないよ。手も足も出ない自分を見つけてポカンとしてしまうのさ。で、ポカンとしてしまったら、そこから一歩を踏み出さなきゃならない。なぜポカンとしちゃったんだろう、と主体的に思案しなきゃならない。

ニック　でも、とりあえずポカンとしちゃうってことが大切なんですね？

山田　うん。けっこう大切だとおもうよ。こんな問答はどうだろう。

定上座《じょうじょうざ》がやってきて臨済に問う「仏法の根本義とはなんでしょうか」。

臨済は坐禅の椅子からおり、胸倉をつかんでピシャリと平手打ちを食らわすと、ドンと突き飛ばす。
定上座はポカンと立つばかり。
そばにいた僧がいう「定上座、なぜ礼拝しない」。
礼拝するや否や、定上座はハタと悟る。

高尾　定上座が「仏法のギリギリの根本義はなんでしょうか」と大上段にふりかぶった質問をぶつける。臨済は定上座にピシャリと平手打ちを食らわし、ドンと突き放す。ずいぶん乱暴ですね。

山田　見込みがあるとおもうからこそ、あえて手荒くやったんだろうね。

ニック　マジメな定上座は、問題をものすごく真剣に考えてるんだけど、煮詰まっちゃって、どうにもわからなくなっちゃってるんでしょうね。

山田　絶望しかかっているのを、臨済は見てとったのかもしれない。ギリギリの絶望の淵であえいでいる定上座であって、はじめて臨済のピシャリとドンとは転機の機縁でありえたわけだ。

ニック　でも定上座はポカンと立つばかり。

山田　このポカンと茫然自失することが、じつは大切なんだとおもうんだ。自分がなにをしたのか、臨済になにをされたのか、なんにもわからず「なんだこりゃ」とポカンとしてしまうってこと、これが大事なんじゃないだろうか。

高尾　そばにいた僧に「礼拝せんか」といわれ、礼拝したとたん、パッと悟る。

ニック　つまり仏法のギリギリの根本義がわかったということでしょうか？

山田　悟ったことがないからわかんないけど、要するに機が熟したってことなんだろうね。答えはすでに定上座のうちに育っていて、礼拝したとたん、憑《つ》きものが落ちるっていう感じで、ハタと悟ったんじゃないだろうか。枝に積もった雪が落ちるのを耳にした拍子に悟るといったこともあるらしいしさ。

高尾　悟るってのは、そういう感じのものなのでしょうか？

山田　さあ、どうなんだろう。でも、ピシャリと打たれてポカンとしたというより、自分の変化にポカンとしてしまったというのはおもしろいね。

ニック　自分の変化に自分で驚いちゃったってわけか。

山田　ポカンとして、お礼をするのも忘れてた。かたわらの僧に「これこれ」といわれて礼拝する。その拍子に、はじめて師のまえにいる我《われ》に返る。ぬるま湯につかっていることを禅の問答はをゆるさない。いつまでもポカンとしてないで主体的にふるまえと迫ってくる。受け身になるな、と。甘えるんじゃない、と。

わかってしまえば「わかる」ことに差はない

ニック 主人公として生きることを、禅はつねに目指すみたいですね。

高尾 そうしたいのは山々ですけど、まわりの優秀な連中を見てると、つい絶望的な気分になっちゃうんです。さっきまで予備校で数学の講習を受けてたんですけど、数学的なセンスのある連中は、ぼくにわからない深い理解に達しているみたいで、どうしたって追いつけないような気がするんです。

山田 わかるよ。ぼくも数学は落ちこぼれだったからね。うん。たしかに数学的なセンスが抜群のひとのように理解するのは、きっとむつかしいだろう。ところがデカルトは、理性における真理の認識は、ひとによる差異はないといってる（山田弘明訳『方法序説』第二部・ちくま学芸文庫・四一頁）。

一つのことについては真理は一つしかないのであるから、その真理を発見する人はだれでも、人がそのことについて知りうるかぎりのものを知っていることになる。たとえば、算術を習っている子供が、その規則に従って加算をした場合、その子供はかれが調べた数の和に関して、人間精神が発見しうるすべてを発見したのだと確信できるのである。

高尾　ピタゴラスの定理を理解したとしよう。ちゃんと理解すれば、その理解において中学生であろうと数学者であろうと差異はない。

山田　たしかにそうですね。

しかし正直にいうと、ちょっと疑問も感じるけどね。だって三角比を知っていれば、定理にふくまれている新たな意味が見えてくるんじゃないだろうか。サインの2乗とコサインの2乗とを足すと1になることがわかったとしよう。これによってコサインとサインとが結びつくってことは、もともとピタゴラスの定理にふくまれていたんだろうけど、それがふくまれているってことを中学生はかならずしも知らないだろう。三角関数を学ぶと、あらためてピタゴラスの定理のとらえなおしが必要になるってことだよ。

高尾 だったら、それを勉強すればいいんですよね。「知りうるかぎりのもの」を増やせばいいんですよね。そっかあ、そうですよね。あの、つぎの講習がはじまるので、そろそろ失礼します（といってペコリと頭をさげ、元気よく予備校に走ってもどってゆく）。

一切合財をあるがままに受けいれちゃおう

山田 ところで、ニックがいちばん好きな禅問答がなにか当ててみようか。

ニック おお、それは嬉しい。ちょっと浮かべてみます……はい。どうぞ当ててください。

山田 ズバリ、『臨済録』の普化《ふけ》の一段、それも「明頭《めいとう》に来たれば明頭に打し、暗頭《あんとう》に来たれば暗頭に打す」ってやつだろ？

ニック ……（ポカン）。

山田 どうした。はずれた？

ニック 先生はシャーロック・ホームズですか？　どうしてわかったんだろう。

山田　簡単だよ。これでもニックの尺八のお師匠さんだからね。それにニックはぼくと出会うまえに明暗流の古典本曲を習っていたから、きっと普化をリスペクトしてるんじゃないかとおもってね。

普化はいつも街頭で鈴をチリンチリンと鳴らしながら歌っていた「明でくるなら明で始末し、暗でくるなら暗で始末し、四方八方からくるなら旋風のように応じ、虚《こ》空《くう》からくるなら鈎瓶《つるべ》打ちで応ずる」。

師は侍者をつかわして、普化がそう歌っているところをつかまえて「そのどれでもなくきたらどうする」と問わせる。

普化は侍者を突き放して「明日は大悲院でお斎《とき》があるんだ」。

侍者は帰って師に報告する。

師はいう「以前からあの男は只者《ただもの》じゃないとおもってたよ」。

相対・差別でかかってくれば相対・差別でとっちめてやり、絶対・平等でかかってくれば絶対・平等でとっちめてやり、四方八面からかかってくれば片端からとっちめてやり、虚空からかかってくれば空竿《からざお》で連打してとっちめてやる、と普化は意味不明な歌をうたっている。

ニック 先生の理解では、「明」は相対・差別で「暗」は絶対・平等なんですね。

山田 ほお、ニックはちがう理解をしてるの？

ニック ええ。でも、それは後回しにして、まず先生の読みをうかがいましょう。

山田 よしきた。臨済《りんざい》は侍者をつかわし、普化の胸倉をつかんで「明でもなく、暗でもなく、四方八面からでもなく、虚空からでもなく、かかってきたらどうする」と問わせる。「外側からくるなら、どこからでもかかってこい」と普化がいうのに対して、「内側からやってきたらどうするのか」と臨済は問わせたんだとおもう。

ニック なるほど。おもしろい読みですね。

山田 すると普化は侍者を突き放して「明日は大悲院でご馳走にありつける」というと、さっさと消える。「どうするかって、どうもしないよ」「あるがままに受けいれるさ」というのが普化の答えだとおもう。

ニック ふむふむ。

山田 侍者が事の次第を伝えると、臨済は「ただのネズミではないとニランだとおりだ」という。普化の自由自在なあり方を肯定したってことだろうね。

ニック　すごく説得力のある読みだとおもいますが、ぼくの感想とはちがいます。

山田　ほお、拝聴したいね。

ニック　明でくるなら明で相対し、暗でくるなら暗で相対するというのは、相手のあり方をそのまま受けいれることだとおもいます。相手が喜んでいるなら、こっちも喜び、相手が悲しんでいるなら、こっちも悲しむのです。

山田　なるほど。そっくりそのまま鏡に映すように、相手のあり方に共感するわけだね。

ニック　そう共感です。シェアするのです。

神の愛はとことん平等なのです

山田　いかにもニックらしい愛に満ちた読みだね。ちょっと脱線するけどさ、キルケゴールに「愛の弁証法」という議論がある。神は罪人である人間を愛した。ただし人間に愛されるに値するなにかがあるから愛したわけじゃない。そんなふうに考えたりすると神の愛は理解できない。逆にもし人間に罪人であるという自覚があるなら、自分は神の愛に値しないと考えてしまって、「なぜ愛してくれるのか」と神を拒否しちゃうだろう。けっきょく罪人を愛する神の愛は理解されない。

ニック　たしかに神の愛はただちには受けいれづらいです。

山田　愛はそもそも対等でなければ理解されない。釣り合いのとれない愛は成就《じょうじゅ》しない。疑念が生じちゃうからね。けれども神は人間を愛してくれた。それゆえにイエスはもっとも卑しい身分においてこの世に生まれてきた。もっとも卑しい身分のものとも対等でなければ神の愛は誤解されるからだ。と、まあ、こういった議論だったとおもう。

ニック　その話は、キルケゴールのなんていう論文に出てるんですか？

山田　たしか『哲学的断片』だったかな。ええっと、ちょうどカバンに入れてたはずだ……ああ、あった。たとえばこんなふうに書いてある（杉山好訳・中公バックス・八八頁）。

> こうして、両者がひとつにされるためには、神が相手と等しい立場にまでおりてきたまわねばならぬ。それゆえ神は、最も卑賤な人間と同じ姿をとろうとしたもうのである。

相手と対等に対応するとき、はじめて神の愛としての福音は理解される。ところでニックは、明でくるなら明で相対し、暗でくるなら暗で相対するというのは、相手のあり方をそのまま受けいれることだといってたよね。

ニック　ええ。鏡に映すように、相手のあり方に共感するのです。あり方をシェアするのです。

山田　鏡に映っているとき、鏡は映しているだけであって、いちいち対応してやろうという意図はもっていない。普化もまたあり方をシェアするなんて意識しちゃいない。

ニック　イエスのあり方もそうだとおもいます。たとえば「ヨハネによる福音書」の第五章にこうあります。

わたしは自分では何もできない。ただ、父から聞くままに裁く。わたしの裁きは正しい。わたしは自分の意志ではなく、わたしをお遣《つか》わしになった方の御心《みこころ》を行おうとするからである。

山田　「だれ」が裁いているのか。わたしではなく父なる神だ。この口は自分の口だけど、この口から出る言葉は父なる神の言葉だ、とイエスはいうわけだね。

ニック　イエスが相手とあり方をシェアするとき、いちいちシェアするという意図はもっていなくて、神の「御心を行おうとする」だけです。

山田　神の「御心を行おうとする」とき、セルフという自己はあるけど、エゴという自我はないんだろうね。

ニック　そうでしょう。「フィリピの信徒への手紙」の第二章にはこうあります。

キリストは、神の身分でありながら、神と等しい者であることに固執しようとは思わず、かえって自分を無にして、僕《しもべ》の身分になり、人間と同じ物になられました。人間の姿で現れ、へりくだって、死に至るまで、それも十字架の死に至るまで従順でした。

山田　この「自分を無にして」「へりくだって」というのは、セルフという自己はあるけど、エゴという自我はない、という生き方といえるんじゃないでしょうか。
対等の愛は、かならず誤解されちゃう。すべてのものを救おうとおもえば、いちばん低いところにいなけりゃならん。口でいうのは簡単だけど、このことを自覚的にやるのは至難のわざだろう。

ニック イエスの愛は上から目線じゃないってことですね。

山田 そういうイエスの愛にニックは気づいたんだね。アウグスティヌスは「私は恋を恋しながら、何を恋したらよいかをさがしまわり」(『告白』一〇六頁)というふうに恋愛にウツツをぬかしていたんだけど、愛そのものである神に出会い、自分が神を愛しはじめる以前から自分のことを愛しつづけてくれていた神の愛に気づいてゆく。

ニック アウグスティヌスの「回心」ですね。

山田 アウグスティヌスは、悪い心を改めたわけじゃなくて、神へと心を向けなおしたんだ。

ニック これだから日本語はむつかしい。回心(conversion)と改心(reform)とはちがいますもんね。

山田 回心というのはキリスト教に独自な概念で、悔い改めて正しい信仰へとはいること、つまり自分の心を捨ててイエスへゆくということらしい。

束縛あっての自由なのかもしれない

山田　イエスの愛は、きっと相手の自己を殺さない愛なんだろうね。だからイエスは、いちばん低い人間の身になったんじゃないかな。そういうあり方は、普化《ふけ》にも当てはまるだろうか？

ニック　てんで無理でしょ。

山田　だよね。なんていうか普化って、たしかに自由なんだけど、ちょっと野放図《のほうず》っていう感じがしない？　イエスだったら人間としての努力目標になるけれども、普化ときたら、およそお手本にはなれそうもないもんな。

ニック　いきなりお膳をひっくり返したりしますもんね。

山田　そう。普化ってトリックスターのような役回りなんだよ。

ニック　シェイクスピアの劇に出てくるfoolやjoker（道化）のようなものですね。

山田　そうそう。普化はfoolなんだよ。理性的じゃないっていうか、普化のやることなすこと、とことん自由なもんだから、お手本にはなれっこない。

ニック　普化は自由のシンボルなんじゃないでしょうか。

山田　ああ、そうだね。生身《なまみ》のままでシンボルとして生きるのって、いちばん易しいようで、いちばん難しいことなのかもしれない。

ニック　普化は徹底的に自由奔放で、絶対にひとのいいなりにはなりませんものね。普化が他人から指図されてるすがたなんて想像できません。

山田　普化は自由の象徴だとして、そもそも自由ってどういうことだろう。「あなたの自由にしなさい」といわれたらどうする？

ニック　好き勝手にやっていいってことじゃないですか。

山田　そうだよね。でも、それってホントに自由かなぁ。

ニック　あらためて考えたら、ちがうような気もしますね。

山田　自由っていうのは、むしろ束縛のなかにしかありえないのかもしれない。

ニック　好き勝手にやれないからこそ自由にやれるってことですか？　ふむ。ぼくは「愛」とは真の自由をあらわす言葉だとおもうんですが、イエス自身において自由と束縛とは相反するものじゃないとおもいます。自由が存在すれば束縛も存在するし、それでいいんじゃないでしょうか。

山田　スポーツ選手がとてつもないプレイをするとき、かれは最高の自由さを発揮しているけど、それはルールを受けいれて、その範囲内でやるからなのかもしれない。

ニック　ルールがあるからこそ自由でありうる。

山田　さっき普化は真に自由かどうかわかんないっていったけど、それって野放図な感じがするからもしれない。ぼくとしては普化の肩をもちたいところだけど、神の愛に支えられたあり方のほうが、より自由なのかもしれないね。

ニック　普化は「自分を無にして」というよりも、自分をそのまま活《い》かすといった感じかな。

山田　ところで、ニックはアメリカン・フットボールのルールって、ちゃんとわかってる？

ニック　正直にいうと、ちゃんとはわかってません。でも、スーパーボウルという一月の下旬にやる大きな試合があって、これを観るのは楽しいです。

山田　ルールがわからないのに観てて楽しいの？

ニック　複雑なところまでわからなくても、基本のルールをいくつかわかってしまえば、「ああ、やはり強さだけじゃなくて技術も戦略もあるなあ」って感じがします。ちなみにアメリカの習慣ですが、辛《から》いチキンを食べながら観るのがふつうだとおもいます。うちにDVDがありますけど、それを観ながら基本のルールを説明してさしあげましょうか？

山田　ヒマを持て余していることでもあるし、面倒くさいルールを教わりながら、しみじみと自由を味わってみようかな。じゃあ、どこかでチキンとビールを買わなきゃ。

第四章

老いたるものは自然体でふるまう

弘前から青森にゆく奥羽線《おうう》。ふたりのほかには老人がひとり。短く刈りこんだ白髪頭。頑固一徹な職人という風情《ふぜい》。窓外にひろがる津軽平野を肴《さかな》にワンカップの酒をちびちび飲んでいる。ときどき薄い文庫本に目を落としたかとおもうと、また窓外に目をやってワンカップをちびり。

ニック なにを探してらっしゃるんですか？

山田 いや、眼鏡《めがね》がどこにいっちゃったかなとおもって。

ニック いまかけてるのと別の眼鏡を探してるんですか？

山田 （コホン）このところ深刻な問題になってきてるんだけど、もの忘れがひどくてね。近づいてはいるんだけど、おもいだせない。「これ」ではないし「あれ」でもないということはわかるんだ。でも、「どれ」であったか、わからない。なんだかわからないものに「近い」ということがわかるって、なんか不思議だよね。

ニック それって、いわゆるボケってやつじゃないですか？

山田 家内としゃべっていて、ある俳優の話題になる。「ほら、あの、あれだよ」「あれって？」「ええっと、東宝の重役や社長のシリーズに出てたやつ」「そんな古いこと知らないわ」「だから、ほら、チョビ髭《ひげ》をはやした」「もう、じれったいわねえ」「ちょっと待ってくれ。ア、じゃないし、イ、でもなくって、ウ、ちがうな……」とアイウエオを順にたどりはじめる始末だ。マ行の森繁久彌《もりしげひさや》にたどりつくまで、かなり遠かったりする。

ニック　なんだか微笑《ほほえ》ましいですよ。

山田　他人事《ひとごと》だとおもってるな。ニックもそのうち眼鏡をかけながら眼鏡を探すようになるんだから。生きることは老化することにほかならない。気のせいかもしれないが、見知らぬ子どもから「おじさん」と声をかけられるとき、どうも「じ」が長めに発音されるようになってきたような気がする。

グータラなご老体であればいいのだ

ニック　先生もぼちぼち老人の仲間入りなさったってことですよ。

山田　そういえば、年甲斐もなくスポーツをしたときも、筋肉痛のやってくるのが二日後だったりする。痛みがあらわれたころには、どうして痛いのが理由がおもいだせなかったりする。

ニック なにを忘れたのかも忘れちゃうんですか？

山田 うん。でも、べつに気に病むにはあたらない。歳をとるってのは、忘れるのが上手になるってことでもあるわけで、自宅の住所とか、会議の日時とか、おぼえるに値しないことは忘れてしまうにかぎる。忘れられるということは、ろくでもない情報をプールしないという自己防衛能力がすばらしく発達した証拠だ。

ニック それって開き直りってやつじゃないですか。

山田 かもね。ものぐさに生きるためのエクスキューズだといわれれば、返す言葉はない。でもさ、本音をいわせてもらえば、胸を張って歳をとればいいのだ。そして「いまどきの若いもんは」と文句をいえばいいのだ。老人は、年長者として若者に意見をいう権利をもっているのだ。若者は、若いというだけで、すでに注意されるに値するのだ。

ニック はいはい……先生、ちょっと見てください。あのワンカップのお爺さん、背筋が伸びててカッコいいですねえ。ああいうふうに歳をとりたいもんです。

山田 まったくだ。朝っぱらからカップ酒を飲んで、それが「さま」になってるもんな。どういう人生を送ってきたんだろう。それにあの文庫、なにを読んでるのか気になるね。

ニック　日本では「袖《そで》振り合うも多生《たしょう》の縁《えん》」っていうんですよね。ちょうど車内もガラガラだし、声をかけてみます（というと老人のほうにゆき、しばし談笑してから、ふたりで移動してくる）。

はたして人生は短いのだろうか

大竹　年寄りのお相手をしてくださるそうで。旅は道づれ、よろしく願います。大竹と申します。津軽塗りの職人をしております。いや、しておりました（と自己紹介をする口には歯が一本もない。ふたりの視線を感じたのか）歯ですか？　米を食わずに、こうして米の汁を飲んどりますから、歯はいらんのです（と歯のない口をあけて笑う）。

ニック　その文庫本、なんですか？

大竹　これ？　孫の本棚から手当たり次第に引っこ抜いてきたやつでして、柄《がら》にもなく、むつかしいのを読むハメになりました。

山田　ほお。セネカ『人生の短さについて』（茂手木元蔵訳・岩波文庫）ですか。恥ずかしながら読んだことないなあ。おもしろいですか？

大竹　隠居して、ものぐさに生きとりますから、おもしろいというより、身につまされますなあ。たとえば、こんな箇所とか。

われわれは短い人生を受けているのではなく、われわれがそれを短くしているのである。われわれは人生に不足しているのではなく濫費しているのである。（十頁）

ニック　われわれの人生が短いわけじゃなくて、われわれが人生を浪費してるんですね。

山田　しかも恐るべきことに、人生を浪費しているひとの生き方は、世間的には充実した人生とみなされたりする。

大竹　わしの人生もそうでした。仕事で忙しい。友だちづきあいで忙しい。とにかく忙しく時をすごし、ふと気づけば、棺桶に片足を突っこんどります。セネカというひとは、こうもいっとります。

偉大な人物、つまり人間の犯すもろもろの過失を超絶した人物は、自己の時間から何一つ取り去られることを許さない。それゆえに、この人生はきわめて長い。用い

られる限りの時間を、ことごとく自分自身のために当てているからである。（二三頁）

山田　なるほどねえ。ちゃんと自分のために時間を使っていれば、人生は十分に長い。

ニック　自分のために時間を使うって、自分勝手にやればいいってことじゃないですよね？

山田　自分のやりたいことを犠牲にして浮き世の義理にアクセクしたりしないってことじゃないだろうか。

ニック　セネカのいう「自分のため」とは逆になるかもしれませんが、ぼくの頭に浮かぶのは「フィリピの信徒への手紙」の第二章です。

何事にも利己心や虚栄心からするのではなく、へりくだって、互いに相手を自分よりも優れた者と考え、めいめい自分のことだけでなく、他人のことにも注意を払いなさい。

自分のことだけでなく、他人のことも考えることが、むしろ自分の生を豊かにすることなのです。

大竹　ほお。その『聖書』の言葉のほうが、わしにはピンとくる。自分よりも他人といわれるほうが、やれそうな気がしますな。

山田　いずれにせよ人生が長いか短いかは、そのひとの生き方によるってことでしょうね。わが身をかえりみれば、「これでよかった」という自信はないけれども、「これしかなかった」という気はします。

ポンコツぶりをさらけ出して生きる

大竹　とりあえず裏も表もなく、自分をさらけ出して生きてきたってのが事実ですなあ。

山田　裏も表もないといえば、こんな禅問答があります。

「ズバリおたずねしますが、和尚の首をいただきたいといったら、どうなさいます」。

洞山《とうざん》「これこのとおり、裏も表もない」。

「くたびれたポンコツの身で、なに威張ってるんですか」。

洞山「隣近所のどこを見まわしても、ポンコツでないやつなどおらん。どうせ仮住《かりず》まいのこの身体、ガタがきても不思議はなかろう」。

僧が「首をいただきたいといったらどうします」というのは、ゴチャゴチャと御託《ごたく》をならべてないで、ギリギリの仏法の神髄を示してくれ、と迫っているんだろうね。血気にはやるというか、やたらと鼻息が荒い。

ニック 首をいただきたいというのは、いちばん大事なものをよこせというわけですね？

山田 そう。その青臭い物言いに対して洞山は「こんな首など、ほしけりゃいつでももってけ」という。なんでもいいから好きなようにせい、と。

大竹 ほほお。アッサリしたもんだ。

ニック この世における肉体などものの数ではないといってるんですね。

山田 ものの数でないって、むつかしい言葉を知ってるね。どういう意味かわかってる？

ニック 問題じゃないってことでしょ？　じつは「ものの本」という言葉がわからなかったことがあって、それ以来「もの」というのが気になってるんですよ。

山田 おお、ぼくも子どものころ「ものの本」は気になったことがある。世界中のあらゆる「もの」について書きしるした、もの凄い本のことだとおもってね。ただ「そのことに関することが書いてある本」ってだけだと知ってガッカリしたっけ。ところで「和尚の首をいただきたい」というけど、洞山にしてみれば「くれてやってもいいけど、こんなものなんで欲しいの？」といった感じだろうね。

ニック だから「裏も表もないぞ」といったんですか？

山田 見てのとおり、なんにも隠されておらんということだろう。首を取ってみても、なんにも出てこないぞ、と。なんにも「ない」って威張ってるのって、おもしろいじゃない。

ニック 僧も負けじと「ポンコツなのに、なに威張ってるんですか」という。

山田 「そんなガタのきた身体なんか、もらっても仕方ない」と毒づいているのかもな。「くれ」といっておきながら、「やる」といわれたら、「いらん」という。

ニック 「いちばん大事なものをください」といったのに、「こんな首でいいの」と軽くあしらわれちゃったもんで、ヘソを曲げたんでしょうか？

山田 たびたびわるいけど、ヘソを曲げるって、どういう意味で使ってる？

ニック 機嫌をわるくすることですよね。でも、日本人はヘソを曲げられるんですか？

山田 もちろん。お茶を沸《わ》かすことだってできる。

ニック　はあ?

山田　アメリカ人はできないの? それはさておき、そんなポンコツの身体はいらんといわれて、洞山はムッとするかとおもったら、そこは年の功、「身体にガタのこんやつなどおらん」と微笑む。

ニック　さすがは禅僧、そんなことくらいで腹は立てない。

ひとは生まれ、生き、老い、そして死ぬ

山田　洞山の「どうせ仮住まいのこの身体」だけど、その発想において陶淵明《とうえんめい》の『自祭文《じさいぶん》』の「陶子将《とうしまさ》に逆旅《げきりょ》の館を辞し、永《とこしえ》に本宅に帰らんとす」をふまえているとおもう。死出の旅にさいして、かりそめの宿りである「この世」の肉体に別れを告げ、本来の住まいである「あの世」に帰ろうというんだね。生まれたからには、やがて老い、そして死ぬというのは自然のなりゆきだ。

ニック　ずいぶん冷めてますね。「コリントの信徒への手紙 二」の第四章にこういう一節があります。

わたしたちは、いつもイエスの死を体にまとっています、イエスの命がこの体に現れるために。わたしたちは生きている間、絶えずイエスのため死にさらされています、死ぬはずのこの身にイエスの命が現れるために。

山田　ふうん。歳をとれば、どうしたって身体にガタがくるけど、ガタがくるってことは、わが身においてイエスの命が顔を出してくるってことなのか。

ニック　同じく「コリントの信徒への手紙　二」の第四章につづけてこうあります。

たとえわたしたちの「外なる人」は衰えていくとしても、わたしたちの「内なる人」は日々新たにされていきます。

山田　外なる肉体は老いてゆくけれども、内なるイエスの生命はいよいよ新たになるってことか。ふむふむ。洞山は「ガタがきても不思議はなかろう」とうそぶいていたけど、クリスチャンもまた肉体が衰えることを内なる神のあらわれとみなすとは、信仰というのは侮《あなど》れないね。

ニック 洞山が「どうせ仮住まいのこの身体」というのは、現世のこの肉体はかりそめの宿であって、死ぬことによって本宅に帰るのだっていう発想があるんですよね?

山田 この身体を旅の宿に譬《たと》え、人生はかりそめの旅路にすぎないという見方を示したのは、たぶん陶淵明にならったんだとおもうんだけど、もっとも陶淵明の場合は「生は虚妄であり、死こそは真実である」といった達観であって、禅とはいささか趣きがちがうだろうねえ。

大竹 いや、じっさいこの肉体というやつ、なかなか厄介なもので、あらゆる煩悩《ぼんのう》の住みかだったりするからのう。

山田 ええ。でも、もし煩悩がなくなればハッピーかっていうと、そうでもなさそうですね。

大竹 煩悩あっての人間ってことかな?

山田 煩悩まみれの小生にいわせれば、ことさら「旨いものを食いたくはない」としても、さりとて「まずいものは食いたくない」わけで、つくづくワガママです。ところで「言語は存在の住みかである」といったのは、たしかハイデガーでしたっけ。言語が存在の住みかであるというのは、つまり「存在者と存在者とが連関しあって世界をかたち

大竹　づくれるのは言語によってである」といってるわけです。耳学問で恐縮だが、ハイデガーは人間のことを「世界内存在」といったんじゃなかったかな。

山田　よくご存じで。世界内存在とは、世界において他者と出会うってことでしょう。自己は身体において他者と出会うってことです。「世界にあること＝身体としてあること」というわけです。

大竹　洋の東西を問わず、ひとは似たような発想をするもんですな。

山田　まったく。ただニックの引いてくれたところで考えれば、洞山が「老いてゆくのは自然のなりゆきだ」と恬然《てんぜん》としているのとちがって、パウロは「老いることは永遠の命があらわれることだ」と前向きにとらえています。

老いるってのは素敵なことかもしれない

大竹　年寄りの実感をいわせてもらえば、洞山さんのほうに近いかな。老いることは、目がショボショボし、足がヨタヨタすることでしかない。

山田　それって、けっこう素敵なことかもしれませんよ。

招慶《しょうけい》「南泉《なんせん》さん、あんたが月を愛《め》でていたとき、ある僧がたずねましたよね、いつになったらこの月のようになれるでしょうか、と」。

南泉「わしも二十年前にはそのようであった」。

招慶「いまはどうなんです」。

保福《ほふく》が代わりにいう「近ごろはボケてきて、とりあえずなんとか時を過ごしておる」。

招慶「あなたがいってくれなければ、あやうく忘れるところだった」。

保福「身についたものは、なかなか忘れんよ」。

囷山《きんざん》「今日はひどく寒いな」。

ニック　登場するのは、招慶、南泉、保福、囷山の四人。てんでんバラバラに好きなことをいってます。ボケ老人の立ち話よろしく、噛み合わないことおびただしい。

「いつになったら月のようになれるか」と問われたことがありましたよね、と招慶が南泉にたずねる。すると南泉は「そういえば昔々、そんなこともあったっけ」とトボケる。

大竹　ああ、わかる。往時茫茫《おうじぼうぼう》、すべては忘却の彼方《かなた》だ。

ニック　「昔はオレもそうだったなあ」と遠い目をされて、招慶は「昔はさておき、今はどうなんです。いつになったら月のようになれるだろうか、と今はおもわないんですか」と問い詰める。

山田　南泉が「昔はオレもそうだったなあ」というのは、いまや立派に月のようになっているってことを示しているんだろうね。しかし招慶はそれをみとめない。とても悟ってるようには見えませんな、と。

大竹　この招慶という若造は、老いるということに同情がないようだな。

ニック　雲行きが怪しくなったのを見てか、保福がしゃしゃり出て「この歳になると、やっとのことで時をやりすごしているだけさ」という。

山田　「寄る年波か、なにかになりたいなんて、もはやおもわなくなったわい」といった感じかな。

大竹　「いやはや歳はとりたくないな」といったところじゃないだろうか。

ニック　それを受け、招慶もさすがに気づいたとみえて、「歳をとるってのがどういうことか、

山田　あやうく忘れるところだった」という。「人間だれしも歳をとったらボケるってことを忘れるところだった」といってるんだとおもうよ。

ニック　すると保福は「いや、歳をとったって、変わらんものは変わらん。心配せんでよろしい」という。

大竹　うん。この気分もわかる。自分でいっておきながら、あっさり年寄りあつかいされて、ちょっとムッとしたのかもしれん。

ニック　そこに囦山がいきなり横からはいってきて、「今日はえらく寒い」と取ってつけたようなコメントをする。これがわかりません。

山田　招慶と保福とのやりとりを見て、「なんだか冴えない話になってますな」と茶化したんじゃないだろうか。

大竹　だが、この囦山さんは、老いるということに同情があるみたいだ。今日は冷えますなあ、と年寄りらしく身をすくめてみせたのかもしれん。

山田　ああ。それも素直な読みですねえ。

ニック　保福は「身についたものは、なかなか忘れんよ」といってますが、これがもし「ボケたからといって、もぬけの殻《から》になっちまうわけじゃない」といってるんだとしたら、へ夕をすると老醜をさらすことになりかねませんね。

山田 だとすると、もし大竹さんのように素直に読まないとすれば、困山が「ひどく寒いな」というのは、保福を冷やかしているのかもしれない。「年寄りのくせに、なに熱くなってんのさ」といった感じで。

大竹 そうだろうか？ やっぱり「おたがい歳なんだから、つまらんことで熱くならなくていいんじゃないの」といってるんだとおもうが。

山田 「雀《すずめ》百まで踊り忘れず」といいますよね。ボケても踊っている。上手に踊ろうなんておもっていない。ついつい踊ってしまう。

大竹 ふむ。その感じなら、わかる気もする。若者の不自然が、年寄りの自然なんだよ。

山田 寄る年波か、もはや月になろうと意図的におもったりしなくなった。「まだ月でない」なら自然にまだ月でないし、「すでに月である」なら自然にすでに月である。

ニック どういうことでしょうか？

山田 歳をとるのって、過剰なエネルギーがなくなることだとおもうんだけど、ちがいますか？

大竹　それはもう否応《いやおう》なくエネルギーはなくなる。

山田　だとすると歳をとるのって、やっぱり素敵なことですよね。ガンバらなくても「日日《にちにち》是《こ》れ好日《こうにち》」とありがたくその日暮らしをしておれる。

大竹　しかし、歳とともに気力がうしなわれてゆくってのも事実で、老兵はただ消え去るのみといった気分になるのはどうしようもない。

成長とはボケが身につくことだったりして

山田　こうして大竹さんをまじえて読んでみると、この禅問答、なかなか味わいがあるね。ある僧に「いつになったらこの月のようになれるでしょうか」とたずねられ、南泉は「わしも二十年前にはそのようであった」というけど、これは「いまはちがう」といってるわけだ。

ニック　それはそうですね。

山田　それはそうだけど、いったい「オレはもう月になってるから、いまさら月に憧れたりしない」と不必要をいってるのか、それとも「もはやボケてきてるから、月に憧れることをかなわない」と不可能をいってるのか、どっちだろう？　さっきは不必要のほうで読んだけど、じつは不可能のほうかもしれないねえ。

ニック　南泉さん、ボケちゃったってことですか？

山田　うん。僧が「いつになったらこの月のようになれるでしょうか」とたずねたのは、「南泉さん、ボケたんじゃないの」といってるんじゃないかな。

ニック　で、南泉が「わしも二十年前にはそのようであった」というのは、「うん。ボケちゃった」といってるんですね？

山田　そう。そのやりとりを見て、招慶が「いまはどうなんです」と問い、保福が代わりに「近ごろはボケてきて、とりあえずなんとか時をすごしておる」と答えてやってるってわけ。

ニック　代わりに確認してくれてるんだ。

山田　余計なお世話って気もするけどね。

ニック　招慶がさらに「あなたがいってくれなければ、あやうく忘れるところだった」というのはどういう意味でしょうか？

山田　「やっぱりそうだったのか。あんたが指摘してくれなきゃ、あやうくボケてるってことに気づかないところだった」と胸をなでおろしてるんだろうね。

ニック 保福が「身についたものは、なかなか忘れんよ」というのは？

山田 これは南泉に代わっていってるのか、あるいは保福の実感をいってるのか、いずれにせよ「オレもどうやらボケが身についてきておる」といってるんだろうね。そして困山が「今日はひどく寒いな」というのは、ボケ老人になりきってみせたわけだ。

大竹 この歳になると、若いころのように、なにかに憧れるってこともなくなりましたよ。

ニック それって成長したんでしょうか？　それともボケたのでしょうか？

山田 成長するのも、ボケるのも、じつは同じだったりして。大竹さんから見れば洟《はな》たれ小僧でしょうが、わたしももう若くはないわけで、この歳になると「死」を意識することもあったりします。いや、自分の死もさることながら、ひとは死というものを意識したときにどんな心持ちになるのか、人生はどういうふうに見えてくるのか、ということを考えたりします。

ニック 若いときには想像しにくいけど、「自分はなにをやって死ぬのだろうか」と若いときから意識しておけば、人生に対する姿勢も変わってくるのかもしれませんね。

肝心要なことは伝えられるのだろうか

大竹　ちかごろ身にたたきこんだ職人の技を若い衆に伝えたくなってきたのも、太陽が沈みきるまえに、自分の生をだれかに継いでほしいとおもいはじめたからかもしれませんな。

山田　禅宗では師と弟子とのつながりを大事にします。「師資相承《ししそうじょう》」というやつですね。

ニック　そう。師から弟子へと教えが伝わり、法灯がつづく。大竹さんが津軽塗りの技を弟子に伝えるのも、本質はいっしょだろうね。ふむ。教えが伝わるとはどういうことかという機微《きび》にふれた問答をひとつ読んでみよう。

山田　「そのものズバリの肝要なところは、そもそも伝えられるのでしょうか」。

投子《とうす》「おまえがそういうふうにわしに問うておる」。

「どうすれば本質を見極められるでしょうか」。

投子　「見極められん」。
「じゃあ、どうすればいいんですか」。
投子　「まさにそのものズバリの肝要なところじゃな」。

ニック　禅のコツは伝えられるっていってるんでしょうか？

山田　伝えられるかと問う、その当《とう》のところにコツがある。

大竹　ああ、それは大事なところだ。問うてくるやつは見込みがある。

山田　「どうすればコツを知ることができますか」「知ることはできんよ」「じゃあどうしましょう」「つかむ。それがコツだ」といった感じでしょうか。

大竹　うん。そういうことだ。

ニック　お年寄りふたりで妙に納得しちゃってますね。

山田　「師の」自己を理解することは、その理解を弟子が表現することだ。理解を表現することとは、その底に弟子が「自己の」自己を見いだすことだ。

大竹　そうそう。わしは漆《うるし》を塗ることで自分をあらわしていて、そのあり方を弟子が理解できたかどうかは、弟子がみずから漆を塗ることで自分をあらわさにゃならん。師の塗り方を理解することは、それを自分の塗り方にあらわすことだ。

山田　師のなかにあった真理が弟子のほうに伝わるわけじゃないってことですね。師が真理を弟子にさずけるのでもない。弟子が師に対してみずから自己を見いだし、師は弟子の自己をあるがままに受けいれる。そういう双方向的な仕方で教えは伝わるんでしょうね。

大竹　教えがつづくというのは、教えという金太郎飴の行列ができるわけじゃないってことさ。

山田　大竹さんの技が伝わるというとき、なにが伝わってるのかなあ。家宝が伝わるというときは、ものが伝わっているよね。教えの場合、なにが伝わるのだろう？

ニック　技術が伝わるんじゃないですか？

山田　波は粒子が伝わっているのではない。振動のエネルギーが伝わっている。情報が伝わるときは、たとえば新聞が配達されるように、コピーが伝わっている。技術が伝わるときは、表情が伝わるとか、仕草が伝わるとか、いろいろありそうだ。

ニック　伝わり方もいろいろなんですね。

山田　そうだとしても、伝えられるかと問うているときには、伝えられるものとして問うている。伝えられるとおもっているから、そんなふうに問うんだろうからね。

ニック それはそうでしょう。

山田 でも、伝えられないのさ。で、その伝えられないってことが、「そのものズバリの肝要なところ」なんだろうな。

大竹 職人の実感をいわせてもらえば、塗り方が伝わるというのは、わしの生き方が伝わるということじゃないだろうか。

山田 「そのものズバリ肝要なところ」というのは、師が自分のやり方を教えているわけじゃなくて、生きることそのものを直接に示しているということかもしれませんね。わしは月を指《さ》している指《ゆび》にすぎないんだから、指を月だとまちがえないようにしろよっていう感じ。おまえも自分らしく生きていなさい、と。

大竹 やり方を教えているのではなく、生きることを示している。

ニック クリスチャンにとって、生きることそのものは、イエス自身の生き方です。師は指であって、イエスは月です。弟子がみずからイエスに出会い、その教えにしたがうとき、かれは師の教えを理解したことを身をもって表現しているのです。

大竹 キリスト教では「自分を表現しろ」というよりも、むしろ「イエスにしたがえ」というのかな？　イエスにしたがっていれば、いちいち自分を表現しなくても、おのずと各自の「自分」が自然に出てくるっていう寸法なのかい？

ニック　それはどうでしょう。イエスと弟子との関係は微妙にちがうかもしれません。イエスが教えているのは、自分のあり方を表現することではなく、「イエスはだれか」ということに気づかせることだとおもいます。そういう意味で、弟子が自分のわかったことを表現した場面といえば、すぐに浮かぶのは「マルコによる福音書」の第八章かな。

そこでイエスがお尋ねになった。「それでは、あなたがたはわたしを何者だと言うのか。」ペトロが答えた。「あなたは、メシアです。」するとイエスは、御自分のことをだれにも話さないようにと弟子たちを戒《いまし》められた。

山田　ペトロが「あなたはメシアです」というのは、自分の信仰を表現しているのです。自分がいつも神の愛とともにあることを、ペトロは信じているのです。メシアにも「世俗的な救い主」と「世界が終わるときに救い主」とがあって、お気楽にメシアだといったりすると誤解されるのをイエスは心配してるみたいだね。

ニック　たしかにメシアには現世における救い主という世俗的な意味もありますからね。

問うからには自発的に問わなきゃね

山田　師と弟子とのあいだに伝承があるというのは、それぞれ自立しつつ一致するという「二にして一」なる関係だってことさ。そういう師と弟子との間柄については、つぎの問答が示唆《しさ》的かな。

「真正なる教化があらゆる形跡を絶していて、師と弟子といった区別もないときはどうでしょうか」。

趙州《じょうしゅう》「だれがそんなふうに問いにこさせたのかな」。

「けっして別人ではありません」。

趙州はすぐさま打つ。

「師と弟子といった区別もない」とかなんとかカッコいいことをいいながら、そんなふうに問うてくるってことは、どこぞの師に問いにゆくようにそそのかされたんじゃないのかい、と趙州はたずねる。

大竹 すでに師と弟子という区別があるんじゃないのか、というわけだな。

山田 すると僧は「いえいえ、師に問いにゆくように命ぜられたわけじゃなくて、ほかならぬ自分がこうして問うているのです」と弁明する。

ニック 問い詰められて、急場しのぎに口走ったセリフのように聞こえますね。

山田 しかし、そういいたくなる気持ちはわからんでもない。「別人でない」というのは、つまり「このオレだ」という気合いだろう。

ニック でも、ポカリと打たれちゃいました。

山田 そんなふうに問うおまえと、答えにゃならんわしとがおれば、もはや「あらゆる形跡を絶した真正なる教化」とはいえんじゃないか、という感じかな。わしによって教化されるべきおまえがいるじゃないか、と。

大竹 この趙州というお師匠さん、ひどく気が短いのう。

山田 教えるとは、教えられる中身に過去の痕跡がなくなることである。それは教えるものと教えられるものとがひとつになって、師も弟子もなくなることである。と、まあ、そんなふうに考えることができるとして、さて、おまえさんは「そうだ」と考えているわけで、そうだとすると「そうでしょうか」とわしに問うているのは、いったいだれなんだ、と趙州はいいたいわけです。すると僧は、いや、それを問うているのもわたしです、とノンキにうそぶく。バカモノ、それでは師と弟子との区別が残るじゃないか、と趙州。

大竹 ふむ。気が短いというより、えらく鋭いんだな。こういう師匠では、ボンクラじゃ弟子はつとまらんだろう。要するに、芸は盗めってことだ。

ニック 師から手取り足取り教えてもらおうという料簡だと、ものにならないってことですね。

大竹 師の技を盗んで、そいつを自家薬籠中《じかやくろうちゅう》のものにして、それから自分を表現せにゃならん。職人ってのは、そういうもんだ。

山田 「師と弟子といった区別もないときはどうでしょうか」という質問だけど、そういう質問をするってことは、すでに師と弟子という区別を立てているってことになるよね。

ニック 師と弟子という区別を立てているから師と弟子という区別について質問できるってことですか？

山田 いや、そういう質問をするってことは、趙州のことを師と見立てたうえで、弟子として質問してきているんじゃないかってこと。趙州のことを師に見立て、弟子として質問しておきながら、「師と弟子といった区別もないときはどうでしょうか」と質問するなんて、じつに怪《け》しからん。

ノンキに他人事としてとらえちゃいかん

ニック ちょっと考えすぎじゃないでしょうか。

山田 だよね。でも、そんなふうに読めると愉快じゃないか。ところで師と弟子との区別といえば、こんな問答もある。

荷玉《かぎょく》は禾山《かざん》からきた僧を見ると、払子《ほっす》を立てて「いったい禾山はこれを説いたかな」。

「それだけじゃありません」。

荷玉 「禾山を裏切ってどうする」。

荷玉は払子を立てて「おまえは禾山のもとで修行したらしいが、禾山ならこれをどう説くだろうか」とたずねる。

ニック　禾山の教え方についてたずねているんですね？

山田　うん。でも、じつは禾山の禅についてたずねているわけじゃなくて、禾山のもとで修行したという僧自身の禅についてたずねているんだろうな。

大竹　「どこの工房で修行してきたんだ」とたずねるのは、「おまえの腕前はどれくらいのものか」と値踏みしているわけだ。

山田　それに対する「それだけじゃありません」という返事は、だからピントをはずしている。「払子を立てようがなんだろうが、禾山ならなんでもこいです」というのは、しょせん他人事を問われたとおもっている。

大竹　おまえはなにを教わってきたんだ、という荷玉の問いに、ちゃんと答えておらん。

山田　で、荷玉は「禾山の恩をふみにじって、どうしようというのだ」と叱りつける。

ニック　荷玉は「現にこうして立てている払子の意味、これを教わったかい」とたずねるわけですが、荷玉が払子を立てて問うことにとらわれて、「禾山なら、払子を立てるだけじゃなくて、いろんなやり方ができますよ」と答えるのは、立てられた払子にまんまと引っかかったということですね？

山田　そういうこと。だから「それもわからんようでは師を裏切っておる」と荷玉はいうわけだ。こんな子どもダマしに引っかかるようじゃ、禾山もさぞかしガッカリだろう、と。

ニック　「これを説いたかな」と問われ、「それだけじゃありません」と答えるのって、そんなにダメでしょうか？

山田　大事なのは「ひとつ」だけなんだろうね。禾山は「あれも・それも」を説いたわけじゃない。これを説いたのであって、別のものがあると説いたわけじゃない。

南泉《なんせん》は居間の門を閉じ、門の外に灰をまくと、雲水たちにいう「なにか語れたら門を開けてやろう」。

口々にしゃべるが、どれもみな南泉の意に満たない。

趙州《じょうしゅう》「やれやれ、なんてこった」。

南泉は門を開く。

門を閉じ、門の外に灰をまいたのは、「そう簡単には入れてやらん」ということだろうね。なんとなくイジワルだ。そして「気の利いたことが語れたら入れてやろう」というのは、もっとイジワルだね。

ニック 藪から棒に「なにか語れ」といわれても、なにを語ればいいかわかりませんよ。

山田 だれも合格しないのを見た趙州が「やれやれ」と溜息をついた。これは雲水たちの無能ぶりにガッカリしたのだろうか？　もし趙州が雲水たちの無能ぶりにガッカリしたんだとしたら、それって南泉が門を開ける理由になるのかなあ。

ニック ならないでしょうね。

山田 趙州はどこにいたのだろう？　きっと雲水にまじって居間の外にいたにちがいない。趙州は「やれ悲しや、イジワルしないで入れてくださいよ」となげいたのかもしれない。そうだとしたら、趙州は雲水たちの無能ぶりにガッカリしたんじゃなくて、むしろ南泉のイジワルぶりにガッカリしたってことになる。それだったら南泉が門を開ける理由にはなるね。

大竹 しかし南泉にしてみれば、イジワルといわれるのは心外だろうな。

山田 そう、そこですよ。門はいつも開いているのに、みずから心を閉ざして、はいってこようとしない。それなら門は閉めるよ、と南泉はいってるんでしょう。南泉はまるで「門を叩け、さらば開かれん」（「マタイによる福音書」第七章）といってるみたいですね。

ニック　ところが趙州が「やれやれ、なんてこった」といったら、南泉は門を開けてくれましたよ。

山田　「やれやれ、なんてこった」というのは、語れないということを語っているのかもしれない。

大竹　さて、ぼちぼち青森に着きますぞ。いや、それにしても愉快でした。禅問答も『聖書』も、こんなに身につまされる中身だとは知りませんでした。おふたりとは弘前の街角でまたお逢いできるかもしれませんな（といっているうちに列車は青森駅に着き、大竹さんは節くれだった手でしっかり握手をすると、さっさと降りてゆく）。

悟りとボケとは紙一重だったりして

ニック　なんだか最後までカッコいいですね。

山田　まったくだ。じつにカッコよく枯れてる。野《や》に遺賢ありって感じだな。なにかで読んだんだけど、gentleman（紳士）の対義語はplayerなんだそうだね。playerとは、playするひと、つまり行動するひとだ。そのことに専門の能力をもっていて、おのれの行動に責任をもってやるひとだね。gentlemanとは、これといった専門の能力はもたないけど、あらゆる事態に対処しうる柔軟性・即興性をもつひと。

ニック 大竹さんはまさに生粋《きっすい》のplayerですよね。

山田 playerは、ともすると「職人気質《かたぎ》・専門バカ」というべき単色の存在になりがちだ。そこへゆくとgentlemanは懐《ふところ》が深くて、複眼的な思考ができる。じゃあgentlemanはよくて、playerはわるいのかというと、そんなことはない。

ニック 大竹さんみたいなplayerは、きっとボケとは無縁なんだろうなあ。

山田 でもさ、負け惜しみっぽいけど、じっさい悟りとボケとは、すくなくとも見た目には紙一重かもしれないぜ。

「ちゃんと悟ったひとが、どうしてまた迷ってしまうのでしょうか」。

華厳《けごん》「割れた鏡はもう映せないし、散った花はもう枝にもどれない」。

不幸な生《お》い立ちのものが、やっと幸せをつかんだ。この幸せ、もう二度と手放したくない。が、幸せであればあるほど、いつ失うかも知れぬ、と不安になる。

ニック　悟りもいっしょだとおっしゃりたいんですか？

山田　うん。もし悟りを「有する」と、有するものは失うことがありうるから、かえって迷うこともありうる。悟りを有しているとおもうと、それを失うまいとビクビクしてしまう。

ニック　悟りを有するとおもうから心配になるんですね。

山田　そう。所有の観念は捨てたらどうなんだ、と華厳はいう。悟りを有するという観念を捨ててこそ悟りだよ、と。

ニック　それができれば苦労はないんですけどねえ。

山田　割れた鏡はもはや映せない。映すはたらきを有するかどうかといった気づかいをもたず、ただ割れた鏡としてある。散った花はもはや咲けない。咲くはたらきを有するかどうかといった気づかいをもたず、ただ散った花としてある。

ニック　悟ったものも、悟りを有しているかどうかといった気づかいを捨て、ただ悟ったものとしてあればよかったりして。

山田　悟りを捨てるのではない。悟りを「有している」という観念を捨てるんだ。悟りを有しているとおもえば、そこにまだ迷いが残る。有するものは失いうる。有していなければ失うこともない。

ニック 悟りを有するかどうかなんて気にせず、ただ恬然《てんぜん》としてるってことでしょうか？

山田 そう。あれもOK、これもOK。そういうのって俗眼にはあたかも迷えるかのごとく、あるいはボケているかのごとく、見えるかもしれない。

ニック そんなもんかなあ。

山田 ニックはまだピンとこないだろうけど、ぼくの歳になると、身も心も老いてきたことを否応なく自覚させられる。こればっかりは自然のなりゆきであって、気に病んでもしょうがない。

ニック どうか自然体で長生きしてください。

山田 ありがとう。しかし、どこまでも自然体でいながら、うまい具合にボケるっていうのは、えらくレヴェルの高い生き方のような気がするなあ。

ニック 悟りにもレヴェルの高い低いがあるのでしょうか？

山田 さあ。でも、あると愉快だよね。あの和尚さんの悟りはいまいちレヴェルが低いな、とかさ。

ニック どういうのがレヴェルの低い悟りなんでしょうか？

山田　「わしは悟った」という意識をもつのが、たぶんレヴェルの低い悟りなんじゃないだろうか。迷いに対する悟りという相対的な悟りに至ったことを意識するのって、なんだかレヴェルが低そうじゃないか。

ニック　意識レヴェルの悟りってことですか？

山田　そう。高いレヴェルの悟りに至ったら、もう迷えないのさ。なにせ絶対の悟りだからね。

ニック　「割れた鏡はもう映せないし、散った花はもう枝にもどれない」というのはレヴェルの高い悟りなんですね。

山田　そうなんじゃないかなあ。鏡は「割れちまったぜ」と意識したりしないし、花も「散っちゃったよ」と意識したりしない。

ニック　なるほど、高レヴェルですね。

山田　高レヴェルというより、無レヴェルというべきかもしれないけどね。

終章

「オーイ」と呼ばれりゃ「ハ～イ」と応える

青森での用事を済ませ、ふたりは弘前にもどるべく、ふたたび奥羽線に乗っている。

ニック　まさか大竹さんは乗ってませんよね（とキョロキョロ）。

山田　ああいうふうに歳をとりたいもんだ。ピンと背筋が伸びてて、ワンカップがすごく似合ってたよな（といいつつカバンからワンカップの酒をとりだす。隣のニックはカバンから缶コーヒーをとりだす）。そういえば大竹さん、歯が一本もなかったっけ。

ニック　ええ。お酒を飲んでたせいか、妙に血色のいい歯茎でしたよ。

山田　歯がないといえば、こんな問答があるんだけどね。

鎮府の大王が問う「老師はお歳のようだが、幾本の歯が残っておられるかな」。
趙州「一本だけ」。
「それでは噛めんでしょう」。
趙州「一本だけだが、ひとつひとつ噛むんじゃよ」。

歯が一本しかなくても、食べものをひとつひとつ噛んでゆけば、ちゃんと食べられる。

いっぺんに急いで食べることはない。食べられないものを無理して食べることもない。食べられるものをゆっくり食べる。善く生きるとは、そういうことだろう。

ニック　やっぱりカッコいい。

山田　大きさは問題じゃないんだろうね。

ニック　ひとつひとつ、ですか。

山田　若いときはゴソッと口いっぱいに頬ばれるが、年寄りはそうもゆかん。だが、若者の一口も、老人の一口も、一口は一口だ。

ニック　ゴッソリやろうが、チョッピリやろうが、ひとつはひとつ。

山田　ひとつひとつやるしかない。そんなに急いでどこへゆく。

ニック　たとえ歯が一本もなくたって、大竹さんって、どこか本質的なところで元気ですよね。身体はポンコツでも、こころはピカピカって感じです。

山田　見事なもんだ。でも、ぼくの本音をいうと、外面にふさわしく内面もショボクレてゆけばいいとおもってるんだけどね。

ニック　ああ、そのほうが先生には似合ってますねえ。ところで、ずっと気になってたんですけど、ここ数日、先生はぼくとおしゃべりしているとき、ちょくちょくメモをとってらっしゃいましたよね。

山田 バレたか。ニックが教えてくれる『聖書』の箇所について、忘れないようにメモしてたんだ……いや、じつをいうと出版社の方から「禅についての本を書いてみませんか」というありがたいお誘いがあったんだけど、なにを書けばいいかちっとも浮かばなくて、とても書けそうにない気分だったもんで、このさいニックとの雑談をそのまま活字にできないかなって虫のよいことを考えたのさ。

ニック そうだったんですか。それならそうと、おしゃってくだされば、もっと協力できたのに。

山田 いや、十分に協力してもらったよ。それに、佐藤さん、早野先生の奥さん、高尾くん、大竹さんにも、ずいぶん手伝ってもらったしね。

ニック ええ、なにか大切なものを教わったような気がします。

山田 ほお。どんなことを教わった？

ニック そうですねえ、自分の置かれた場において、自分を偽《いつわ》らず、他人を欺《あざむ》かず、自然体で生きてゆくことの大切さでしょうか。

ちっぽけな自我は捨てちゃおう

山田　ふむふむ。自然体ねえ……江戸の浮世絵師・葛飾北斎《かつしかほくさい》って知ってる？

ニック　『北斎漫画』のひとですね。

山田　おや、よく知ってるねえ。

ニック　ええ。北斎「漫画」っていうから、てっきりマンガだとおもったら、絵の手本のスケッチ画集だったんでガッカリしました。でも、じっくり見てるうちに、人間や動植物、それに妖怪変化まで描かれていて、いまでは夢中です。

山田　その北斎の三女のお栄《えい》さんは、みずからも浮世絵師で、北斎の助手でもあったらしいんだけど、一説によれば、北斎がなにかあると「オーイ、オーイ」と呼びつけるので、みずから「応為《おうい》」と名乗ったそうだ（飯島虚心『葛飾北斎伝』岩波文庫・三〇八頁）。

阿栄《おえい》家に帰りて再嫁せず。応為と号し、父の業を助く。最《もっと》も美人画に長じ、筆意或は父に優れる所あり（中略）按《あん》ずるに、応為の名、何に拠るを知らず。一説に、応為は、訓《よ》みて、オー丰、即《すなわち》呼ぶ声なり。

お栄さん、それにしても出来た娘さんだねえ。「オーイとはなによ。あたしにはちゃんと名前があります。キー」なんてことにならない。

ニック たしかに自然体って感じですねえ。

山田 高尾くんがイジメられてたっていってたけど、子どものころ、ぼくもイジメられっ子のほうだった。この歳になっても、どちらかというとイジられている。というか、バカにされてる。赴任したての若い同僚に「もう山ちゃんったら使えないんだから」と呆れられたりする。

ニック 子どものときにイジメられた経験が、先生をイジられキャラにしたってことですか？

山田 イジメるよりも、イジメられるほうが、うんと気が楽だと、ぼくは骨身に染みている。イジメの対象になることを自分でみとめてしまえば、とたんに気持ちが楽になる。そういう覚悟がつけば、イジメられるにしても、上手にイジメられるようになる。さらに達人になると、イジメっ子のイジメ方をあやつるようになり、ついには「イジメられることを楽しむ」という境地にまで至ったりする。

ニック　禍《わざわい》転じて福となすっていう感じですか？

山田　まあね。だが、どうも昔を想い起こすに、ぼくは鈍《にぶ》い子どもで、イジメられていても、それに気づいていなかったような気味もあるんだよね。イジメ甲斐のないやつだったんじゃないだろうか。

ニック　子どものころから達人の境地だったりして。

ぼくは挫折したことがないんだよ

山田　そういえば、ぼくは挫折したことがない。いや、見るひとが見れば、たぶん挫折だらけなんだろうけど、挫折したという自覚がない。こういう仕事をしていることも、こういう結婚をしていることも、はた目には「お気の毒」と見えるのかもしれないが、自分では「もったいなや、ありがたや」とおもっている。

ニック　幸いなるかな、自己を受けいれしもの。

山田　挫折感を味わうべきところなのに、ケロッとしてるもんだから、「なにを考えているのかわからない」といわれることもある。じつはなにも考えていないんだけどね。

ニック　挫折しているのに、そのことに気がつかないってのは、ハッピーですね。

山田　そのせいで成長できないんだといわれたら、そのとおりだとおもう。「挫折を乗り越える」という経験がないから、やったことが身につかないのかもしれない。そうはいっても、「挫折を知らないようではダメだ」といわれたって、どうしようもない。「了解。ただちに挫折します」というわけにもいかんだろう。挫折ってのは、「しよう」とおもってできるもんじゃない。

ニック　それはまあ、そうでしょうけど。

山田　何人かの学生に「キミは挫折を経験したことがあるかい？」とたずねてみたら、異口同音に「失恋したとき」と答えたのにはビックリしたよ。それからコンチクショーとおもったね。失恋したということは、すくなくとも恋愛（片想いをふくむ）をしたってことだろ？　そういう挫折なら、いまからでもしてみたいもんだ。

ニック　……。

信じるってすごく理性的なことかも

ニック　先生といっしょに禅問答を読んでいて、ぼくが『聖書』についてどうおもっているのか、あらためて自覚できたような気がするんですよ。

山田　ほお、そいつはよかった。じゃあ、おしゃべりの締めくくりに、ニックの気づいたことをご披露いただこうかな。ただし、挫折しちゃうような議論はゴメンだよ。

ニック　はい。ええっと、そうだなあ、ぼくにとっての禅問答のおもしろさは、人と人とのヴィヴィッドな対話をどう味わうかといった感じなんですけど、『聖書』の場合だと、神の霊による啓示をどう自分のこととして受けとるかってことが大切だとおもうんです。たとえば「コリントの信徒への手紙　一」の第二章にこんなふうに書いてます。

わたしたちがこれについて語るのも、人の知恵に教えられた言葉によるのではなく、〝霊〟に教えられた言葉によっています。つまり、霊的なものによって霊的なものを説明するのです。自然の人は神の霊に属する事柄を受け入れません。その人にとって、それは愚かなことであり、理解できないのです。霊によって初めて判断できるからです。

聖霊、つまり神さま自身が、自分のこころに直接に語りかけてこなければ、その言葉はただの情報にすぎません。

山田 ふむふむ。神の霊的な啓示は、人間にさっぱり理解できないものだったら、そもそも啓示とはいえない。とはいえ、人間によって完全に理解できるようなものであれば、それは情報にすぎなくなってしまう。

ニック ええ。そこには信仰と知との「二にして一」なる緊張関係があるとおもうんです。

山田 まえに神の受肉、つまりイエスが神のひとり子として生まれたことについて考えたけど、イエスが人格的であるのは、人間というあり方をしつつも、同時に厳しい緊張感をともなって人間と対峙する存在でもあるということだよね。

ニック ええ。イエスという人格は、神と人間との親しくも厳しい緊張関係をあらわしているんだとおもいます。

山田 不信心なぼくがいっても説得力にとぼしいけど、信仰というものは、けっして非理性的なものじゃないとおもうんだ。まったく理性を超えちゃってるなら、自分がなにを信じてるのかもチンプンカンプンだろうからね。われわれは理性的にあつかえるものしか信じることができないんだよ。

ニック　「信じる」ことと「知る」ことは、けっして対立しないとおもいます。対立しないどころか、不可分に結びついているとおもいます。

山田　ニックのような真摯《しんし》なクリスチャンにそういってもらえると、不信心の身としては心強いなあ。個人的な興味で、親鸞《しんらん》の悪人正機説《あくにんしょうきせつ》についておしゃべりしちゃったけど、ぼくみたいな信仰をもたない罪人ってのも、これはこれで生きるに値する存在だとおもいたいんだ。

ニック　人間は堕落した存在かもしれませんけど、べつに人間が悪《あ》しき存在だというわけじゃないんじゃないでしょうか。

山田　うんうん。自分に甘いぼくは、やっぱり基本的に性善説なんだよね。人間の本性は善きものだと無邪気におもってる。だいたい善きものであって、はじめ堕落できるんじゃないかな。根っから悪しき存在だったら、堕落もへったくれもない。

ニック　ぼくは神の愛を信じていますが、信じるというのは、たしかに理性的なことなんだとおもいます。

山田　なにを信じるか、そもそも信じるか信じないか、それは理性的な営みにちがいない。でもさ、ニックのことだから、「神に呼びかけること自体が、神からの働きかけによる」

とおもってるんだろうねえ。

ニック ええ。でも、それって神さまとの関係だけのことじゃなくて、人間どうしの関係もそうなんじゃないでしょうか。

信じられる自分のことを信じてやる

山田 そういえば『出エジプト記』のなかで、神は「わたしはある。わたしはあるという者だ」といってるよね。文語訳だと「我は有《あ》りて在《あ》る者なり」だったっけ。

ニック I AM THAT I AM.

山田 ふむ。I AM THAT I AM. 神学の世界だね。必然的な存在、有無を超えた有だってことかな。いずれにせよ「わたしがあるようなもので、わたしはある」というのは、わたしは絶対的な自由のあらわれだといってるわけで、だとすると神がどのような存在であるかを人間のほうから規定することは、金輪際、できないってことになるよね。つまり神を信じるとき、なにを信じているのか、人間はじつは知りえないんだよ。

ニック ……。

山田　知りえないものを信じることって、あるんだろうか？　あるっていう気がするんだ。なにを信じてるのか知らないで、なにかを信じるってことは、あるとおもう。北原白秋に「薔薇ノ木ニ　薔薇ノ花サク。ナニゴトノ不思議ナケレド」という詩があるんだけどさ。

ニック　ああ、素敵な詩句ですね。Rose bushes produce roses...not that there's anything so mysterious about it.　と訳せるかな。

山田　バラの木にバラの花がさく。当たり前のことだけど、しかしそれが当たり前でないことに気づいたという驚きであり、喜びだね。

ニック　当たり前のことも、それが「なぜ」かと考えると、わからなくなります。

山田　生物学はその「なぜ」に答えてくれない。「いかに」を説明するだけ。たとえば進化論は、「なぜ」に対して「それが生存に有利だから」と適応の物語で説明する。でもニックだったら、この「なぜ」にもっと別の答えをもってるんじゃないの？

ニック　ええ。Genesis（創世記）に書いてあります。

山田　本音をいうと、いきなり神さまが出てくるのには相変わらずついていけないんだけどさ、しかし「神がそのようにつくったから」というのは、ひとつの見事な答えだとおもう。そもそも科学的な方法にのっとれば真理に到達できるっていう前提は、ぼくは眉ツバだとおもってる。かりに過去に起こったことを説明できたとしても、未来になにが起こるかを予測することはできない。進化論だって、われわれの未来は予測できっこない。科学はわれわれの生き方の指針にはなりえても、ニックの信仰には指一本触れることができないんじゃないだろうか。

ニック 科学技術の進歩によって生活は変化したけど、真に大切な「こころ」の領域に、それは触れられないのかもしれませんね。

山田 でも現実には、こころが道徳的であることよりも、監視カメラが不法な行為を見張ってくれていることのほうに、現代人はむしろ安心感をおぼえるようになってきてたりして。

ニック それも困ったもんですね。

山田 まったくだ。ところで、ぼくにとって「愛」という言葉は、ほとんど外来語のようで肌に馴染まないんだけど、「神は万物の創造主である」という一神教ならではのテーゼは、たぶん必然的に「愛」の宗教にならざるをえないんじゃないだろうか。

ニック どういうことですか？

山田　だって一切万物は神によって創造されたんだから、それに攻撃的な態度をとることはできっこないじゃないか。すべてを神の被造物としていつくしみながら生きてゆくことにならざるをえないんじゃないかなあ。

ニック　自分も、他人も、等しくみな神の被造物なのです。

山田　ぼくの感覚をいうと、「自己である」ということは「罪人である」ということなんだよね。で、自己が自己であること、つまり罪人であることを、神のうえに基礎づけることが、キリスト教における「信仰」なんじゃないだろうか。どうもそんな気がするよ。

おや、おしゃべりしていたら、ぼちぼち弘前に着くようだ。

プラットホームに降り立つ。西の空に岩木山が悠然とそびえている。

夕陽のなか、逆光になったニックが「先生、うちに寄ってきませんか」と声をかける。

先生は「うん」と返事をする。

ふたりは改札口を通り抜け、弘前の街へと融けこんでゆく。

所引禅問答の原文と書き下し文

序章

ニック、教授の研究室をおとずれる

僧問、不将一物来時如何。師云、莫向這裏汚人田地。云、如何免得。師云、如何即不免。（『祖堂集』五〇二）

僧問う、一物も将《も》ち来たらざる時は如何《いかん》。師云《いわ》く、這裏《しゃり》に向《お》いて人の田地を汚すこと莫《なか》れ。云く、如何《いか》にすれば免れ得ん。師云く、如何にすれば即ち免れざる。

師又時云、問則有過、不問則又乖。僧便礼拝。師乃打之。僧云、某甲始礼、為什麼却打。師云、待你開口、堪作什麼。（『祖堂集』二七五）

師又た時に云く、問えば則ち過《とが》有り、問わざれば則ち又た乖《そむ》く。僧便《すなわ》ち礼拝す。師乃ち之《これ》を打つ。僧云く、某甲《それがし》始めて礼するに、什麼《なん》の為《ため》にか却《かえ》って打つ。師云く、你《なんじ》の口を開くを待って、什麼《なに》を作《な》すにか堪《た》えん。

問、如何是学人自己事。師云、不是你自己、是什摩。（『祖堂集』五三三）

問う、如何《いか》なるか是《こ》れ学人の自己の事。師云く、是れ你《なんじ》が自己ならずして、是れ什《な》摩《ん》ぞ。

第一章　冴えない人生をのほほんと乗りきる

師与洞山行脚時、到寺裏。洞山坐禅。師一向睡。洞山心悶喚師。師応喏。洞山云、上座還会摩。師曰、不会。洞山云、既不会、作摩生睡。師云、会底人還睡也無。洞山不語。師曰、一條縄子自繋。（『祖堂集』二九四）

師、洞山《とうざん》と行脚《あんぎゃ》せし時、寺裏に到る。洞山は坐禅す。師は一向に睡《ねむ》る。洞山、心悶えて師を喚《よ》ぶ。師、応喏す。洞山云く、上座還《は》た会《え》するや。師曰く、会せず。洞山云く、既に会せざるに作摩生《そもさん》か睡る。師云く、会せる底《てい》の人は還《は》た睡るや。洞山語らず。師曰く、一條の縄子もて自ら繋《つな》ぐ。

山僧近前、便問典座法寿。座云、六十八歳。山僧云、如何不使行者・人工。座云、他

不是吾。山僧云、老人家如法、天日且恁熱、如何恁地。座云、更待何時。山僧便休。
（大久保道舟編『道元禅師全集』下巻・筑摩書房・二九八頁）

山僧近前《ちか》づきて、便《すなわ》ち典座の法寿を問う。座云く、六十八歳なり。山僧云く、如何《いかん》が行者・人工を使わざる。座云く、他《かれ》は是《こ》れ吾にあらず。山僧云く、老人家、如法《にょほう》なり、天日且《か》つ恁《か》くのごとく熱きに、如何が恁地《か》くのごとくせる。座云く、更に何《いず》れの時をか待たん。山僧便ち休す。

師煎茶次、道吾問、作什摩。師曰、煎茶。吾曰、与阿誰喫。師曰、有一人要。道吾云、何不教伊自煎。師云、幸有専甲在。（『祖堂集』二五二）

師、茶を煎《に》る次《つ》いで、道吾問う、什摩《なに》をか作《な》す。師曰く、茶を煎る。吾曰く、阿誰《たれ》に与えて喫せしむるや。師曰く、一人の要《ほっ》する有り。道吾云く、何ぞ伊《かれ》をして自ら煎しめざる。師云く、幸いに専甲《それがし》有り。

因僧問。「如何是祖師西来意」。州云。「庭前柏樹子」。（『無門関』第三十七則）

因《ちな》みに僧問う、如何《いか》なるか是《こ》れ祖師西来の意。州云く、庭前の柏樹子《はくじゅし》。

第二章

かけがえのない他人の他人でありたい

師問僧、你名什摩。対云、慧炬。師便提起杖云、還照得這个也無。対云、有物則照。師云、還見這个摩。対云、適来向和尚道什摩。師云、争奈這个何。対云、和尚是什摩心行。（『祖堂集』五八八）

師、僧に問う、你《なんじ》の名は什摩《なん》ぞ。対《こた》えて云く、慧炬《えこ》。師便《すなわ》ち杖を提起して云く、還《は》た這个《しゃこ》を照し得るや。対《こた》えて云く、物有らば則ち照す。師云く、還た這个を見るや。対えて云く、適来《せきらい》和尚に向かって什摩《なん》と道《い》いしぞ。師云く、這个を争奈何《いかん》せん。対えて云く、和尚是《こ》れ什摩の心行《しんぎょう》ぞ。

又問、朕自登九五已来、度人造寺、写経造像、有何功徳。師曰、無功徳。（『祖堂集』九六）

又た問う、朕《ちん》は九五に登りてより已来《いらい》、人を度し寺を造り、写経し造像す、何の功徳か有る。師曰く、無功徳。

有源律師来問、和尚修道還用巧否。師曰、用巧。曰、如何用巧。師曰、飢来喫飯、困来即眠。曰、一切人総如是。同師用用巧。師曰、不同。曰、何故不同。師曰、他喫飯時不肯喫飯、百種須索、睡時不肯睡、千般計校。所以不同也。律師杜口。（『頓悟要門』一三七）

源律師なるもの有り、来りて問う、和尚の道を修むるは、還《は》た巧を用うるや。師曰く、巧を用う。曰く、如何《いかん》が巧を用う。師曰く、飢え来らば飯を喫《くら》い、困《こん》じ来らば即ち眠る。曰く、一切の人も総《すべ》て是《か》くの如し。師の巧を用うるに同じきや。師曰く、同じからず。曰く、何故に同じからざる。師曰く、他《か》れ飯を喫う時に飯を喫うを肯《うけが》わず、百種に須索《もと》め、睡る時に睡るを肯わず、千般と計校《はか》る。所以《ゆえ》に同じからざるなり。律師、口を杜《と》ざす。

師問僧、你還有父母麼。対云、有。師云、吐却著。別僧云、無。師云、吐却著。又別僧云、和尚問作什摩。師云、吐却著。（『祖堂集』三五六）

師、僧に問う、你《なんじ》還《は》た父母有りや。対《こた》えて云く、有り。師云く、吐却著《ときゃくちゃく》。別僧云く、無し。師云く、吐却著。又別僧云く、和尚問うて什摩《なに》をか作《な》す。師云く、吐却著。

師与仰山語話次、師云、只聞汝声、不見子身。出来。要見。仰山便把茶樹揺対。師云、只得其用、不得其躰。仰山却問、某甲則任摩、和尚如何。師良久。仰山云、和尚只得其躰、未得其用。師云、子与摩道、放你二十棒。（『祖堂集』七二二）

師、仰山と語話せる次《つ》いで、師云く、只《た》だ汝の声を聞くのみにして、子の身を見ず。出で来よ。見んと要す。仰山便《すなわ》ち茶樹を把《と》って揺して対す。師云く、只だ其の用《ゆう》を得るのみにして、其の躰《たい》を得ず。仰山却って問う、某甲は則ち任摩《にんも》、和尚は如何《いかん》。師良久す。仰山云く、和尚は只だ其の躰を得るのみにして、未だ其の用を得ず。師云く、子、与摩《よも》に道《い》わば、你《なんじ》に二十棒を放《ゆる》す。

因潙山与師遊山説話次云、見色便見心。仰山云、承和尚有言見色便見心。樹子是色、阿那个是和尚色上見底心。潙山云、汝若見心、云何見色。見色即是汝心。仰山云、若与摩、但言先見心然後見色。云何見色了見心。潙山云、我今共樹子語。汝還聞不。仰山云、和尚若共樹子語、但共樹子語。又問某甲聞与不聞作什摩。潙山云、我今亦共子語、子還聞不。仰山云、和尚若共某甲語、但共某甲語。又問某甲聞与不聞作什摩。若問某甲聞与不聞、問取樹子聞与不聞始得了也。（『祖堂集』八〇八）

因《ちな》みに潙山《いさん》、師と遊山して説話せる次《つ》いでに云く、色《しき》を見て便《すなわ》ち心《しん》を見る。仰山《きょうざん》云く、承《うけたまわ》るらく和尚に言有り、色を見て便ち心を見る、と。樹子《じゅし》は是れ色、阿那个《あなこ》か是れ和尚、色上に見る底《てい》の心。潙山云く、汝若《も》し心を見れば、云何《いかん》ぞ色を見ん。色を見るは即ち是れ汝が心なり。仰山云く、若し与摩《よも》なれば、但だ言え、先に心を見て然る後に色を見る、と。云何ぞ色を見了《おわ》って心を見ん。潙山云く、我今樹子と共に語る。汝還《は》た聞くや。仰山云く、和尚若し樹子と共に語らば、但だ樹子とのみ共に語れ。又某《それ》甲《がし》に聞くと聞かざるとを問うて什摩《なに》をか作《な》す。潙山云く、我今亦《また》子と共に語る、子還た聞くや。仰山云く、和尚若し某甲と共に語らば、但だ某甲とのみ共に語れ。又某甲に聞くと聞かざるとを問て什摩をか作す。若し某甲に聞くと聞かざるとを問わば、樹子に聞くと聞かざるとを問取《もんしゅ》して始めて得了《よか》らん。

問、如何是忠言。師云、你娘醜陋。（『趙州録』三五二）

問う、如何《いか》なるか是《こ》れ忠言。師云く、你《なんじ》が娘《はは》は醜陋《しゅうろう》なり。

有行者随法師入仏殿。行者向仏唾。法師云、行者少去就。何以唾仏。行者云、還我無仏処来唾。潙山聞云、行者却不仁者、不仁者却是仁者。師代法師、但唾行者。行者若有語即云、還我無行者処来唾。（『祖堂集』八〇七）

有る行者、法師に随《したが》って仏殿に入る。行者、仏に向かって唾《つばき》す。法師云く、行者、去《きょ》就《しゅう》を少《か》く。何を以て仏に唾すや。行者云く、我に無仏の処を還《かえ》し来たらば唾せん。潙《い》山《さん》聞きて云く、行者は却って不《ふ》仁《じん》者《しゃ》、不仁者は却って是《こ》れ仁者なり。師、法師に代わりて、但《た》だに行者に唾せよ。行者若し語有らば即ち云え、我に無行者の処を還《かえ》し来たれば唾せん、と。

問、学人遠来。請和尚指示。師云、纔入門、便好驀面唾。（『趙州録』三〇三）

問う、楽人遠くより来たる。請う和尚、指示せよ。師云く、纔《わず》かに門に入るや、便《すなわ》ち好し、驀《まく》面《めん》に唾するに。

師問僧、什麼処人。云、磁州人。師曰、見説磁州出金、還是也無。対曰、不敢。師曰、還将得来也無。対云、将来。師云、若将来、則呈似老僧看。僧展手。師唾之。又問別僧、什麼処人。対云、磁州人。師曰、見説磁州出金、還是也無。対曰、不敢。師展手云、把将金来。僧便唾之。師便摑三五下。（『祖堂集』三五三）

師、僧に問う、什麼《いずれ》の処の人なりや。云く、磁州の人なり。師曰く、説くを見る磁州は金を出だすと、還《は》た是《ぜ》なりや。対《こた》えて曰く、不敢《ふかん》。師曰く、還た将《も》ち得来たるや。対えて云く、将ち来たる。師云く、若《も》し将ち来たらば、則ち老僧に呈似《ていじ》し看《み》よ。僧、展《てん》手《しゅ》す。師、之に唾《つばき》す。

又た別僧に問う、什麼の処の人なりや。対えて云く、磁州の人なり。師曰く、説くを見る磁州は金を出だすと、還た是なりや。対えて曰く、不敢。師、展手して云く、金を把《と》り将ち来たれ。僧、便《すなわ》ち之に唾す。師便ち摑《かく》すること三五下《さんごげ》す。

師問僧、我尋常道、莫道道不得、設而道得十成、猶是患聾。既道得十成、為什麼却是患聾。僧云、従来豈道得底事那、作麼。師抗声云、脱却来。其僧別云、頭上不可更

安頭。師云、停囚長智。（『祖堂集』五〇八）

師、僧に問う、我れ尋常道《い》う、道う莫《な》かれ、道い得ずと。設《たと》而い道い得て十成なるとも、猶《な》お是《こ》れ謇《そく》を患う、と。既に道い得て十成なるに、什《な》麼《ん》の為にか却《かえ》って是れ謇を患うや。僧云く、従来豈《あ》に道い得る底《てい》の事なりや、作《そ》麼《も》。師、声を抗《あら》げて云く、脱却し来たれ。其の僧別して云く、頭上に更に頭を安《お》くべからず。師云く、停囚《ていしゅう》して智を長ぜしむ。

今時学人不得、蓋為認名字為解。大策子上抄死老漢語、三重五重複子裹、不教人見、道是玄旨、以為保重。大錯。瞎屢生、你向枯骨上覓什麼汁。（『臨済録』一二〇）

今時の学人の得ざること、蓋《けだ》し名字を認めて解《げ》を為《な》すが為《ため》なり。大策子《だいさくす》上に死老漢の語を抄《うつ》し、三重五重に複子《ふくす》に裹《つつ》み、人をして見せしめず、是《こ》れ玄旨《げんし》なりと道《い》い、以て保重《ほじゅう》を為す。大いに錯《あやま》れり。瞎屢生《かつるせい》、你《なんじ》は枯骨《ここつ》上に向《お》いて什《な》麼《ん》の汁をか覓《もと》む。

師問僧、什麼処来。僧便喝。師便揖坐。僧擬疑。師便打。師見僧来、便竪起払子。僧礼拝。師便打。又見僧来、亦竪起払子。僧不顧。師亦打。（『臨済録』一五一）

師、僧に問う、什麼《いずれ》の処よりか来たる。僧便《すなわ》ち喝す。師便ち揖《ゆう》して坐せしむ。僧擬疑す。師便ち打つ。師、僧の来たるを見て、便ち払子《ほっす》を竪起す。僧礼拝す。師便ち打つ。又た僧の来たるを見て、亦《ま》た払子を竪起す。僧顧みず。師亦た打つ。

麻谷到参。敷坐具問、十二面観音、阿那面正。師下縄牀、一手収坐具、一手搊麻谷云、十二面観音、向什麼処去也。麻谷転身、擬坐縄牀。師拈拄杖打。麻谷接却、相捉入方丈。（『臨済録』一七〇）

麻谷《まよく》、到り参ず。坐具を敷いて問う、十二面観音、阿那面《あなめん》か正《しょう》。師、縄牀《じょうしょう》を下って、一手は坐具を収め、一手は麻谷を搊《とら》えて云く、十二面観音、什麼《いずれ》の処に向かってか去る。麻谷、身を転じ、縄牀に坐せんと擬《ほっ》す。師、拄杖《しゅじょう》を拈《ねん》じて打つ。麻谷接却し、相捉《とら》えて方丈に入る。

有定上座、到参問、如何是仏法大意。師下縄床、擒住与一掌、便托開。定佇立。傍僧云、定上座、何不礼拝。定方礼拝、忽然大悟。（『祖堂集』一六九）

定上座有り、到り参じて問う、如何《いか》なるか是《こ》れ仏法の大意。師、縄床《じょうしょう》を下り、擒住《きんじゅう》して一掌を与え、便ち托開《たっかい》す。定、佇立《ちょりつ》す。傍僧云く、定上座、何ぞ礼拝せざる。定、礼拝するに方《あた》って、忽然として大悟す。

因普化常於街市揺鈴云、明頭来明頭打、暗頭来暗頭打、四方八面来旋風打、虚空来連架打。師令侍者去、纔見如是道、便把住云、総不与麼来時如何。普化托開云、来日大悲院裏有斎。侍者回挙似師。師云、我従来疑著這漢。（『臨済録』一五七）

因《ちな》みに普化《ふけ》、常に街市に於《お》いて鈴を揺《ふ》って云く、明頭に来たれば明頭に打し、暗頭に来たれば暗頭に打し、四方八面に来たれば旋風もて打し、虚空に来たれば連架《れんか》もて打す。師、侍者をして去《ゆ》いて、纔《わずか》かに是《か》くの如く道《い》うを見て、便《すなわ》ち把住《はじゅう》して云わしむ、総に与麼《よも》に来たらざる時は如何《いかん》。普化托開《たっかい》して云く、来日大悲院裏に斎有り。侍者回《かえ》って師に挙似《こじ》す。師云く、我れ従来這《こ》の漢を疑著《ぎじゃく》す。

第四章 老いたるものは自然体でふるまう

問、単刀直入、擬取師頭時如何。師曰、堂堂無辺表。僧曰、争奈今時羸劣何。師曰、

四隣五舎、誰人無之。暫寄侶店、足什摩可恠。（『祖堂集』三〇六）

問う、単刀直入、師の頭を取らんと擬《ほっ》する時は如何《いかん》。師曰く、堂堂として辺表無し。僧曰く、今時羸劣《えいれつ》なるを争奈何《いかん》せん。師曰く、四隣五舎、誰人《たれ》か之無からん。暫く侶《りょ》店《てん》に寄る、什摩《なん》の恠《あや》しむべきに足らん。

招慶挙、南泉翫月次、時有僧問、何時得似這个月。泉云、王老僧二十年前亦曾与摩来。招慶続起問、如今作摩生。師代云、近日老邁、且与摩過時。招慶云、不因闍梨挙、洎成亡記。師云、宿習難忘。困山云、今日可殺寒。（『祖堂集』五〇三）

招慶《しょうけい》挙《こ》す、南泉《なんせん》、月を翫《め》ずる次《つ》いで、時に有る僧問う、何時か這个《しゃこ》の月に似るを得ん、と。泉云く、王老僧も二十年前に亦《ま》た曾《か》つて与摩《よも》にし来たれり、と。招慶続いて問いを起こす、如今は作摩生《そもさん》。師代わりて云く、近日は老邁《ろうまい》にして、且《しば》らく与摩に時を過ごす。招慶云く、闍梨《じゃり》の挙《こ》すに因《よ》らざれば、洎《ほと》んど記を亡ぜんことを成さんとす。師云く、宿習は忘れ難し。困山《きんざん》云く、今日、可殺《はなは》だ寒し。

問、省要処還通信不。師曰、是你与摩問我。僧曰、如何識得。師曰、不可識。僧曰、

畢竟作摩生。師曰、直是省要。（『祖堂集』二八二）

問う、省要《せいよう》の処は還《は》た信を通ずるや。師曰く、是《こ》れ你与摩《なんじよも》に我に問う。僧曰く、如何《いかん》が識得せん。師曰く、識《し》るべからず。僧曰く、畢竟、作摩生《そもさん》。師曰く、直《じき》に是れ省要なり。

問、真化無跡、無師弟子時如何。師云、誰教你来問。学云、更不是別人。師便打之。

（『趙州録』六四）

問う、真化《しんけ》は跡無く、師と弟子と無き時は如何《いかん》。師云く、誰《たれ》か你《なんじ》をして来たり問わしむ。学云く、更に是《こ》れ別人ならず。師便《すなわ》ち之《これ》を打つ。

師見禾山来僧、拈起払子云、禾山還説得這个也無。対云、非但這个。師云、辜負禾山作什摩。（『祖堂集』五四四）

師、禾山《かざん》より来たる僧を見て、払子《ほっす》を拈起《ねんき》して云く、禾山は還《は》た這个《しゃこ》を説得せるや。対えて云く、但《た》だに這个のみに非《あら》ず。師云く、禾山に辜負《こふ》して什摩《なに》をか作《な》す。

南泉一日掩却方丈門。便把灰囲却門外、問僧云、道得即開門。多有人下語、並不契泉意。師云、蒼天蒼天。泉便開門。（『趙州録』十）

南泉《なんせん》、一日方丈の門を掩却《えんきゃく》し、便《すなわ》ち灰を把《と》って門外を囲却し、僧に問うて云く、道《い》い得ば即ち門を開かん。多く人の下語《あぎょ》する有るも、並びに泉意に契わず。師云く、蒼天、蒼天。泉便ち門を開く。

問、大悟底人為什摩却迷。師云、破鏡不重照、落花難上枝。（『祖堂集』三九二）

問う、大悟底の人、什摩《なん》の為にか却って迷う。師云く、破鏡は重ねて照さず、落花は枝に上り難し。

終章

「オーイ」と呼ばれりゃ「ハ〜イ」と応える

鎮府大王問、師尊年、有幾箇歯在。師云、只有一箇牙。大王云、争喫得物。師云、雖然一箇、下下咬著。（『趙州録』二八〇）

鎮府の大王問う、師、尊年《そんねん》、幾箇の歯の在る有りや。師云く、只《た》だ一箇の牙《は》有るのみ。大王云く、争《いか》でか物を喫《きっ》し得んや。師云く、一箇なりと雖然《いえど》も、下下に咬著《こうじゃく》す。

「あとがき」のようなもの

ニックのような気のおけない友人とおしゃべりしていると、ふだん意識していないことがポロッと口からこぼれて、自分でも「ふうん、オレってこんなふうに考えるんだ」とビックリしたりします。

ニックと語りあうから洞察を得られるわけじゃなくて、なにがしかの洞察を有しているからニックと語りあえるのでしょう。ただし、すでに洞察を有しているんだったらニックと語りあう必要はないかっていうと、そんなことはなくて、有しているにもかかわらず顕在化していない洞察が、ニックと語りあうことによって、自分の力だけでは出てこないような仕方で、こころの深層から現前してくるのです。

アカデミックな研究はパブリックな領域で成り立つべきものだから、個人の主観にもとづくものであってはならない。だれにでも納得できるような実証的な根拠をもっていなければならない……正論です。しかし、いわゆる正論くらい虚しいものはない。

学びたいとおもっているのは「自分」です。学ぶにあたって、この自分は絶対に捨てられない。学問も世間も二の次です。

学んでいる自分は、医者であるよりも、むしろ患者です。学びたいという病気にかかっている。ただしこの患者、おのれの病気を研究するという意味では、同時に医者でもあります。学びたいという患者らしい主観的な動機にもとづきながら、医者のような手さばきで客観的に学ぼうとする。そういう学び方が「研究」の名に値するかどうかは、ぼくにとって大事ではありません。学びたいというエゴイスティックな、しかし切実な「想い」を満たすことが、ぼくにとっては大切です。

自分の想いは、どこかに「ある」ものではありません。だれかに与えられるものでもありません。それは雲のうえの高みにはなくて、足もとに落ちています。うんと身近なところに想いは見つけられねばなりません。

神は「我は有りて在る者なり」といいます（「出エジプト記」第三章）。必然的な存在、有無を超えた有である、と。迷える衆生《しゅじょう》にとって「有りて在る者」は不在にひとしい。でも、不在であるがゆえに、その存在は希求されるのです。不在の恋人然《しか》り。不在の家族然り。不在のものは、不在という仕方で現前しています。そして沈黙という仕方で語りかけてきます。

ぼくは神が存在するとはおもっていません。でも、神は存在すると信じているニックという人間のことは、なぜか信じています。

信じることは、薄いガラスのように脆《もろ》い。信じられないとおもえば、すぐに信じられなくなります。信じられるとおもえば、そこに信頼が生まれます。

信じようとするとき、信頼は生まれつつあります。信仰もそうかもしれません。神は存在しているのではない。それは生まれつつあるのでしょう。

神をこの目で見ることはできません。神は有限な存在者ではありませんから。神という言葉が意味をもつとしたら、それは有限な人間の善き行為においてでしょう。神はどこか外のほうから人間をあやつっているのではない。人間がみずからの内から善き行為へとおもむくとき、そこにおいて神の栄光があらわれるのでしょう。

キリスト教は「現実とは、畢竟《ひっきょう》、人間には把握できないものだ」という立場をとるような気がします。禅は「現実は人間のあり方によって変えることができる」という立場です。

キリスト教は、神との対話によって「人生には意味があるか」ということを自分の頭で考えることを、人間にもとめます。でも、いったい「人生には意味があるか」ということを自分の頭で考え、自分で納得することなんてできるのかなあ。

禅はというと、「考えるな、見よ」といいます。「人生には意味があるか」と問うてみても、「知らん」と突き放されてオシマイ。

おや、ニックがやってきました。

ニック　先生、なになさってるんですか？

山田　いや、「あとがき」を書こうかなとおもってさ。ちょうどよかった。質問していい？

ニック　ええ。なんなりと。

山田　神はアダムに対して「園のすべての木から取って食べなさい。ただし、善悪の知識の木からは、決して食べてはならない。食べると必ず死んでしまう」というよね。

ニック　「創世記」の第二章ですね。

山田　ところがアダムは、ヘビにそそのかされたイヴにうながされ、その木の実を食べてしまう。この有名な逸話、まえから釈然としないんだよね。

ニック　うかがいましょう。

山田　キルケゴールは「実のところアダムがこのことばを理解しなかったのは当然といえる。善悪の区別は木の実を味わったのちはじめてわかるはずだから。どうして彼がその区別を理解するはずがあろう」（田淵義三郎訳『不安の概念』中央公論社・二四一頁）と喝《かっ》破《ぱ》している。わが意を得たりという感じだ。神はアダムに「なにをやってよいか」「なにをやっちゃいけないか」を教えるよね。ところがアダムは、その教えに背《そむ》いて、食べちゃいけない木の実を食べちゃう。でも、だったらどうしてその木が「善悪の知識の木」と呼ばれるのかなあ。だって、その木の実を食べるまえのアダムは、まだ善悪の知識をもっていないんだろ？　いくら神から「なにが善であり、なにが悪であるか」を知らされても、その善悪を判断することはできないよね。だとすると、アダムが木の実を食べちゃったことは罪に値するのだろうか？

ニック　ふむふむ。おつづけください。

山田　「べつに善悪を判断しなくてもよい。善とは神のいいつけを守ることで、悪とは神のいいつけに背くことなのだ」ということなのかな？　けど、そんなふうに神のいいなりになることが、はたして真に倫理的なあり方だろうか。そんなふうに絶対服従することは、たんなるドレイ的な態度にすぎない。ご主人さまのいうことに唯々諾々《いいだくだく》としたがうだけのドレイには、いかなる自由も責任もありえないだろう。なるほど神は、アダムに「なにをやってよいか」「なにをやっちゃいけないか」を教えたよ。でもアダムは、そのつど「これはやってもよいことか」「これはやっちゃいけないことか」をみずから判断しなきゃなんないわけで、だとすると神はいったいなにを教えたのだろう。

ニック　木の実を食べるまえ、アダムとイヴは神さまといっしょに楽園を散歩していました。その関係は「愛」です。でも、ホントの愛には、人間の意志がなくちゃダメ。自分がつくったロボットに愛されても、ホントの愛にはならない。もしかすると「善悪の知識の木」というのは、神さまが人間に「愛されたいけど、それは人間の自由だから、強制的に愛させることはしない」といってるのかもしれません。

山田　なるほど。

ニック　善悪を知るというのは、みずから善と悪とを判断することです。つまり自分が自分の神になることです。先生が気にしてらっしゃるのは、「善悪の知識の木の実を食べれば、自分で善と悪とを判断することになるけど、それを食べるか食べないかを決めるのは、自分で善悪を判断することになるんじゃないのか」ということでしょうか？

山田　煎じ詰めれば、そういうことになるのかな。アダムにとって神の教えは、それを内面化するだけの知恵をまだ与えられていないから、しょせん他者の声だ。一方的につきつけられる他者の声にしたがうことは、自己をなくし、もっぱら他者の欲望を満たすことだ。他者の欲望を満たすことを、自己の行為としてえらぶというのは、はたして「自然に」できることだろうか？　たんに命ぜられたことをやるドレイではなく、自分の考えで自由に判断する主体であることが、アダムには可能だったのだろうか？

ニック　木の実を食べないことは、「神の判断を信頼します」ということになります。木の実を食べることは、「神の判断は信頼しないから自分でやってみる」ということになります。この判断には、すべての判断がふくまれています。神を信頼していっしょに暮らすか、神を信頼せずに別れて自分でやるか。つまり判断そのものをどこに置くかという判断です。神さまはなにかを「教え」ているわけじゃないとおもいます。神さまは「この木の実を食べることは、わたしに背くことになる。食べないでほしいけど、それはアダムの自由だ。その木の実じゃなくて、わたしのことを選んでくれるよね」といってるんじゃないでしょうか。

山田　ふむふむ。おもしろい解釈だね。木の実を食べるまえに、アダムは選択の自由を与えられていたというんだね。しかし、自分でどちらを選ぶかを判断すること、その是非を判断することが、木の実を食べるまえにあったのかな？　木の実を選ぶことによって、自分で判断するようになり、そのために楽園を失ったと考えるほうが自然じゃないだろうか。ふむ。木の実を食べるまえのアダムに選択の自由はありえたのか？　たぶんありえたんだろうね。選択するためには、神に逆らう「可能性」が自覚されていなきゃなんないから。可能性は自覚されているんだけど、それが現実的になるのは木の実を食べたあとだろう。

ニック　可能性が現実的になる？

山田　うん。可能性から現実性へという瞬間、それが問題だとおもうんだ。木の実を食べるまえのアダムは、その可能性も自覚していなかったとぼくはおもう。木の実を食べるという発想が、つまり神に逆らうという発想が、そもそもなかったんじゃないだろうか。その可能性を自覚し、じっさいに木の実を食べる、その瞬間にヘビの誘惑が介在しているわけだ。そして木の実を食べ、楽園を失う。この自己を奪うことなしに、その罪から人間を救済する神の愛、それと人間の信仰ということが、キリスト教の一大事なんじゃないかなあ。

ニック この自己を奪うことなしに、その罪から人間を救済してくださる神の愛ですか。

山田 神が食べてはいけないというものを、神に逆らって食べるという「観念」が、アダムにはないんだろうね。そういう「思い」がない。あるいはその可能性をおもいつくことがない。ところが、神に逆らって木の実を食べるという観念、その可能性をおもいつかせたのがヘビだ。いったんその可能性をおもいつくと、その是非が問題になってくる。神に対する自己意識が出てくる。するとその是非を自分で判断しなきゃならなくなるんだけど、自分で判断して結論を出すまえに、木の実を食べてしまった。で、ここから話は現在完了になる（笑）。食べてしまった。その是非を自分の頭で考える。それは「悪であった」と判断するのか、「善であった」と判断するのか。

ニック 神さまの愛はどうなっちゃったんでしょうか？

山田 おお、そうだった……そうか。神に対する人間の自己意識の成立に対応して、神の愛も深化するんだよ。ふむ。神は愛であるとしても、赤ちゃんを愛するような愛ではありえなくなる。自分に逆らうものを愛する、そういう愛が理解できるか、という話になるんじゃないかなあ。

用事があるニックは、うちに帰ってゆきました。あとは先生、ご自分でお考えください、といった感じで。

人間には完全性の象徴である神が与えられ、同時に不完全である自由も与えられていたのでしょう。不完全であるがゆえに判断の余地があり、それゆえにまた「罪」の可能性もあります。人間の自由は、その罪から遡及《そきゅう》的に知られるものなんでしょうね。

エデンの園から、人間は罪によって追放されました。その罪は、人間の自由なる意志によるものです。人間の自由は、罪によってあがなわれているってことでしょう。で、その罪の報いとして、人間は死の影におびやかされつづけているわけで、どうやら罪と死とから救済されるには、神の力によって神のもとへと復帰するしかなさそうです。

たぶんニックは、つねに読みふけっている『聖書』のなかに、迷える自分自身のすがたが描かれていることに気づいたんでしょうね。そう気づいたとき、『聖書』とニックとのあいだに、『聖書』がニックのすがたを描きだし、ニックも『聖書』を自己を描くものとして表象するという、たがいに映しあうような関係が成り立ったにちがいありません。

そこへゆくと小生、そういう経験をもたないもんですから、辛気《しんき》くさい自己の実存にしがみついています。

死ねば無だとぼくはおもっています。無から生まれ、無に帰る、と。

UFOの存在やSTAP細胞の存在なら、信じているひとを想定できます。だが、死後の世界の存在となると、それを信じているひとを想定することはむつかしい。なぜむつかしいのかなあ。

信じることができないのは、そもそも疑うことができないからでしょう。疑いえないものを疑おうとすると、それを信じているような気がしてきます。しかし、その事態にあてはまる言葉は存在しません。あてはまる言葉が存在しないという事実こそが、じつは大切だったりして。

「金屑《きんせつ》は貴《たっと》しと雖《いえど》も、眼《め》に落《お》つれば翳《かげ》を成《な》す」という禅語があります。目のなかにゴミがはいると、たとえそれが金箔であっても、見えるものも見えなくなります。金箔でほのめかされているものは、たぶん「ありがたい悟り」でしょう。悟りというものにとらわれると、それがジャマになって見えるものも見えなくなります。

野球中継のとき「太陽が目にはいったせいで外野手がボールを見失った」といったりします。太陽が目にはいるわけではない。光が目にはいったせいで、まぶしくてボールが見えなくなります。見るというのは、見ているものを目のなかにいれることではない。光のなかでものを見ることです。だが、光が目にはいると、ものが見えなくなります。

自分の目を見ることはできません。ぼくが見ている世界をどれほど観察しても、そこにぼくの目はない。むしろ光が満ちていて、どこまでも明るい世界の全体が、ぼくの目そのものであるような感じさえします。

五十も半《なか》ばをすぎました。マラソンに譬《たと》えれば、人生の折り返し地点はとうに曲がっています。折り返し地点を曲がってしまったのだとすれば、これからゆく道は、これまできた道をもどるのだから、どんな具合になるかはだいたい見当がつきます。とたんに大金持ちになったり、いきなりモテモテになったりする可能性は、まあ「ない」でしょう。

「ない」と覚悟すれば、もう怖いものもない。自分にやれることをやって生きてゆけます。「やりたいこと」や「やれそうなこと」は、ある程度わかっています。無理せず、ぼちぼち、やってゆけばよい（ゆくしかない）。

ありがたいことに、この歳になれば、家族や友人がいます。だれかが仲間になってくれたり、味方になってくれたりします。こんな対話本が書けたのも、ニックという友人が相手をしてくれたおかげであり、東京堂出版の酒井香奈さんがその原稿を気に入ってくれたおかげです。はなはだパッとしない人生ではありますが、まんざら捨てたもんじゃないのかもしれません。

春まだき津軽にて

山田史生しるす

山田史生 やまだ ふみお

1959年、福井県生まれ。東北大学文学部卒業。同大学大学院修了。博士（文学）。現在、弘前大学教育学部教授。弘前に伝わる根笹派錦風流尺八の県技芸保持者。著書に『門無き門より入れ　精読「無門関」』（大蔵出版）『絶望しそうになったら道元を読め！『正法眼蔵』の「現成公案」だけを読む』『はじめての「禅問答」自分を打ち破るために読め！』（以上、光文社新書）『全訳　論語』（東京堂出版）など。

ニック・ベランド Nick Bellando

1981年、アメリカ合衆国ニュージャージー州生まれ。フィラデルフィア聖書大学卒業。2008年、来日。弘前大学教育学研究科修士課程修了。根笹派錦風流尺八を山田史生に師事。尺八製管を三浦龍畝に師事。

禅とキリスト教 **人生の処方箋**

二〇一六年四月一〇日　初版印刷
二〇一六年四月二五日　初版発行

著者　山田史生
　　　ニック・ベランド

発行者　大橋信夫

発行所　株式会社　東京堂出版
〒一〇一－〇〇五一
東京都千代田区神田神保町一－一七
電話　〇三－三二三三－三七四一
振替　〇〇一三〇－七－二七〇
http://www.tokyodoshuppan.com/

印刷・製本　日経印刷株式会社

ISBN 978-4-490-20937-2 C0014